Don't forget

강제 기억 시스템 1주일 1회 | 8주 전 범위 완성

핵심만 추출한

박문각 익힘장

—

공인중개사 2차
중개사법 버스노트 (법령스터디노트) 정지웅

學 배울 학

학

동일한 강의로
배워도

習 익힐 습

습

복습 방법이 다르면
결과도 다르다!

익힘이
합격 당락을
좌우한다!

박문각 공인중개사
공인중개사법·중개실무 교수 정지웅

박문각 익힘장 2차 중개사법 버스노트(법령스터디노트)는?

☑ 중개사법 특성에 맞추어 법령 파트의 전 범위 학습입니다.

☑ 시험지문은 법령이 그대로 출제되므로 법령 원문을 그대로 담았습니다.

☑ 실제 법령이 이렇구나 하면서 하는 공부가 가장 피부에 와닿는 학습입니다.

☑ 누구나 쉽게 따라 할 수 있습니다.

☑ 익힘으로 복습효과와 수업이해력 상승이라는 두 마리 토끼를 잡을 수 있습니다.

박문각 익힘장 사용가이드

익힘장 활용법

- 반드시 복습용으로 활용해야 합니다.
- 괄호 안의 내용이 기억나지 않으면 주저하지 말고 바로 왼쪽 페이지 정답을 확인합니다.
- 너무 정성스럽게 읽지 말고 빠른 속도로 읽어나갑니다.

익힘장 사용가이드를 영상으로 더 쉽게 이해하기~

스마트폰으로 QR코드를 찍으시면 바로 보실 수 있습니다.

내용 및 구성

- 공인중개사법령(39개 테마)
- 부동산 거래신고 등에 관한 법령(18개 테마)
- 공인중개사의 매수신청대리인 등록 등에 관한 규칙(4개 테마)

제 1 편 공인중개사법령

테마 01 용어의 정의

법률 제2조(정의) 이 법에서 사용하는 용어의 정의는 다음과 같다.
1. "중개"라 함은 제3조에 따른 중개대상물에 대하여 거래당사자간의 매매·교환·임대차 그 밖의 권리의 득실변경에 관한 행위를 알선하는 것을 말한다.
2. "공인중개사"라 함은 이 법에 의한 공인중개사자격을 취득한 자를 말한다.
3. "중개업"이라 함은 다른 사람의 의뢰에 의하여 일정한 보수를 받고 중개를 업으로 행하는 것을 말한다.
4. "개업공인중개사"라 함은 이 법에 의하여 중개사무소의 개설등록을 한 자를 말한다.
5. "소속공인중개사"라 함은 개업공인중개사에 소속된 공인중개사(개업공인중개사인 법인의 사원 또는 임원으로서 공인중개사인 자를 포함한다)로서 중개업무를 수행하거나 개업공인중개사의 중개업무를 보조하는 자를 말한다.
6. "중개보조원"이라 함은 공인중개사가 아닌 자로서 개업공인중개사에 소속되어 중개대상물에 대한 현장안내 및 일반서무 등 개업공인중개사의 중개업무와 관련된 단순한 업무를 보조하는 자를 말한다.

테마 02 중개대상물

법률 제3조(중개대상물의 범위) 이 법에 의한 중개대상물은 다음 각 호와 같다.
1. 토지
2. 건축물 그 밖의 토지의 정착물

시행령 제2조(중개대상물의 범위)
1. 「입목에 관한 법률」에 따른 입목
2. 「공장 및 광업재단 저당법」에 따른 광업재단 및 공장재단

제 1 편 공인중개사법령

테마 01 용어의 정의

법률 제2조(정의) 이 법에서 사용하는 용어의 정의는 다음과 같다.
1. [   ]라 함은 제3조에 따른 중개대상물에 대하여 거래당사자간의 매매·교환·임대차 그 밖의 [   ]에 관한 행위를 알선하는 것을 말한다.
2. [   ]라 함은 이 법에 의한 공인중개사자격을 취득한 자를 말한다.
3. "중개업"이라 함은 다른 사람의 의뢰에 의하여 일정한 [   ]를 받고 중개를 [   ]으로 행하는 것을 말한다.
4. "개업공인중개사"라 함은 이 법에 의하여 중개사무소의 개설[   ]을 한 [   ]를 말한다.
5. "소속공인중개사"라 함은 개업공인중개사에 소속된 [   ](개업공인중개사인 법인의 사원 또는 임원으로서 공인중개사인 자를 [   ]한다)로서 중개업무를 [   ]하거나 개업공인중개사의 중개업무를 [   ]하는 자를 말한다.
6. "중개보조원"이라 함은 공인중개사가 [   ] 자로서 개업공인중개사에 소속되어 중개대상물에 대한 [   ] 및 [   ] 등 개업공인중개사의 중개업무와 관련된 단순한 업무를 [   ]하는 자를 말한다.

테마 02 중개대상물

법률 제3조(중개대상물의 범위) 이 법에 의한 중개대상물은 다음 각 호와 같다.
1. 토지
2. 건축물 그 밖의 토지의 정착물

시행령 제2조(중개대상물의 범위)
1. 「입목에 관한 법률」에 따른 입목
2. 「공장 및 광업재단 저당법」에 따른 [   ] 및 [   ]

- 왼쪽 페이지는 법령 원문으로 구성
- 오른쪽 페이지는 법령의 괄호 넣기 형식으로 구성

박문각 익힘장 익힘 체크리스트

❚ 정지웅 필수서와 익힘장 목차 비교

1순환을 8주로 완성하고, 이후에는 자신의 학습진도에 맞춰서 순환시간을 단축하면서 시험 전까지 2, 3, 4···순환을 반복할수록 효과는 배가됩니다.

* 실제 공부한 날짜와 시간을 체크해보세요. 익힘이 거듭될수록 합격에 가까워집니다.

익힘 체크리스트		
학습주차	페이지	학습일자(소요시간)
1주차	~	월 일 분 ☐
2주차	~	월 일 분 ☐
3주차	~	월 일 분 ☐
4주차	~	월 일 분 ☐
5주차	~	월 일 분 ☐
6주차	~	월 일 분 ☐
7주차	~	월 일 분 ☐
8주차	~	월 일 분 ☐ 1순환 완성~!
9주차	~	월 일 분 ☐
10주차	~	월 일 분 ☐
11주차	~	월 일 분 ☐
12주차	~	월 일 분 ☐
13주차	~	월 일 분 ☐
14주차	~	월 일 분 ☐
15주차	~	월 일 분 ☐
16주차	~	월 일 분 ☐

이 책의 머리말

공인중개사법·중개실무는 고득점을 얻어야 2차 시험에서 넉넉하게 합격한다고 합니다. 다른 과목에 비해 쉬운 편이라 80점 이상의 고득점을 얻을 수 있습니다. 그러나 다른 과목에 비해 쉬운 편이라는 것일 뿐이며 결코 만만한 과목은 아닙니다. 전 범위의 내용을 하나도 빠짐없이 꼼꼼하게 공부해야 하기 때문에 실제 학습량은 적지 않습니다.

본 교재는 필수서를 통한 이론강의 학습 이후의 복습에 이용하시면 좋습니다. 장황한 부연설명 없이 법령의 원문을 공부하기 쉬운 순서대로 배치하여 막힘없이 술술 읽어나가며 빠른 시간 내에 복습이 가능하도록 하였습니다. 또한 최근에 개정된 「공인중개사법령」, 「부동산 거래신고 등에 관한 법령」의 내용을 모두 반영하였습니다.

본 교재로 커버되는 문제의 수는 최대 36문제 가량이며, 세부적인 출제 비중은 공인중개사법령 25~27문제, 부동산 거래신고 등에 관한 법령 6~8문제, 경매 매수신청대리 1문제입니다.

본 책을 쓸 수 있도록 도와주신 박문각 편집부 여러분께 감사드립니다. 본 교재가 여러분들의 공인중개사 시험 준비를 위한 좋은 도구가 될 수 있기를 진심으로 바라며, 건강하게 마지막까지 완주하셔서 가슴 벅찬 합격의 기쁨을 누리시길 바랍니다.

2024년 1월

편저자 정지웅 씀

테마 01 용어의 정의

법 률 **제2조(정의)** 이 법에서 사용하는 용어의 정의는 다음과 같다.

1. "중개"라 함은 제3조에 따른 중개대상물에 대하여 거래당사자간의 매매·교환·임대차 그 밖의 권리의 득실변경에 관한 행위를 알선하는 것을 말한다.

2. "공인중개사"라 함은 이 법에 의한 공인중개사자격을 <u>취득한</u> 자를 말한다.

3. "중개업"이라 함은 다른 사람의 의뢰에 의하여 일정한 <u>보수</u>를 받고 중개를 업으로 행하는 것을 말한다.

4. "개업공인중개사"라 함은 이 법에 의하여 중개사무소의 <u>개설등록을 한 자</u>를 말한다.

5. "소속공인중개사"라 함은 개업공인중개사에 소속된 <u>공인중개사</u>(개업공인중개사인 법인의 <u>사원 또는 임원으로서 공인중개사인 자를 포함</u>한다)로서 중개업무를 <u>수행</u>하거나 개업공인중개사의 중개업무를 <u>보조</u>하는 자를 말한다.

6. "중개보조원"이라 함은 <u>공인중개사가 아닌 자</u>로서 개업공인중개사에 소속되어 중개대상물에 대한 현장안내 및 일반서무 등 개업공인중개사의 <u>중개업무와 관련된 단순한 업무를 보조</u>하는 자를 말한다.

테마 02 중개대상물

법 률 **제3조(중개대상물의 범위)** 이 법에 의한 중개대상물은 다음 각 호와 같다.

1. 토지
2. 건축물 그 밖의 토지의 정착물

시행령 **제2조(중개대상물의 범위)**

1. 「입목에 관한 법률」에 따른 입목
2. 「공장 및 광업재단 저당법」에 따른 광업재단 및 공장재단

제 1 편 　 공인중개사법령

테마 01 　 용어의 정의

법 률 **제2조 (정의)** 이 법에서 사용하는 용어의 정의는 다음과 같다.

1. [　　　]라 함은 제3조에 따른 중개대상물에 대하여 거래당사자간의 매매
· 교환 · 임대차 그 밖의 [　　　　　　　]에 관한 행위를 알선하는 것을
말한다.

2. [　　　　　]라 함은 이 법에 의한 공인중개사자격을 취득한 자를 말한다.

3. "중개업"이라 함은 다른 사람의 의뢰에 의하여 일정한 [　　]를 받고 중개를
[　]으로 행하는 것을 말한다.

4. "개업공인중개사"라 함은 이 법에 의하여 중개사무소의 개설[　　]을 한 [　]를
말한다.

5. "소속공인중개사"라 함은 개업공인중개사에 소속된 [　　　　](개업공인중
개사인 법인의 사원 또는 임원으로서 공인중개사인 자를 [　　　]한다)로서
중개업무를 [　]하거나 개업공인중개사의 중개업무를 [　　]하는 자를 말한다.

6. "중개보조원"이라 함은 공인중개사가 [　　] 자로서 개업공인중개사에 소속되어
중개대상물에 대한 [　　　　] 및 [　　　　　] 등 개업공인중개사의 중개업무와
관련된 단순한 업무를 [　　　]하는 자를 말한다.

테마 02 　 중개대상물

법 률 **제3조 (중개대상물의 범위)** 이 법에 의한 중개대상물은 다음 각 호와 같다.

1. 토지

2. 건축물 그 밖의 토지의 정착물

시행령 **제2조 (중개대상물의 범위)**

1. 「입목에 관한 법률」에 따른 입목

2. 「공장 및 광업재단 저당법」에 따른 [　　　　　] 및 [　　　　　]

법률 **제2조의2(공인중개사 정책심의위원회)**

① 공인중개사의 업무에 관한 다음 각 호의 사항을 심의하기 위하여 <u>국토교통부에</u> 공인중개사 정책심의위원회를 둘 수 있다.

  1. **공**인중개사의 시험 등 공인중개사의 자격취득에 관한 사항
  2. **부**동산 중개업의 육성에 관한 사항
  3. **손**해배상책임의 보장 등에 관한 사항
  4. 중개**보수** 변경에 관한 사항

③ 공인중개사 정책심의위원회에서 <u>공인중개사의 시험 등 공인중개사의 자격취득에</u> <u>관한 사항을 심의한 경우 시·도지사는 이에 따라야 한다.</u>

시행령 **제1조의2(공인중개사 정책심의위원회의 구성)**

① 공인중개사 정책심의위원회는 위원장 1명을 포함하여 7명 이상 11명 이내의 위원으로 구성한다.

② 심의위원회 위원장은 국토교통부 제1차관이 되고, <u>위원은</u> 다음 각 호의 어느 하나에 해당하는 사람 중에서 <u>국토교통부장관이 임명하거나 위촉한다.</u>

시행령 **제1조의3(위원의 제척·기피·회피 등)**

③ <u>국토교통부장관은</u> 위원이 제척사유에 해당하는 데에도 불구하고 회피하지 아니한 경우에는 해당 위원을 해촉(解囑)할 수 있다.

④ 해당 안건의 당사자는 위원에게 공정한 심의·의결을 기대하기 어려운 사정이 있는 경우에는 심의위원회에 기피 신청을 할 수 있고, <u>심의위원회는 의결로</u> 이를 결정한다. 이 경우 기피 신청의 대상인 위원은 그 의결에 참여하지 못한다.

제1조의4(위원장의 직무)

② 위원장이 부득이한 사유로 직무를 수행할 수 없을 때에는 <u>위원장이 미리 지명한</u> <u>위원이</u> 그 직무를 대행한다.

제1조의5(심의위원회의 운영)

③ 위원장은 심의위원회의 회의를 소집하려면 회의 개최 <u>7일 전까지</u> 회의의 일시, 장소 및 안건을 각 위원에게 통보하여야 한다. 다만, 긴급하게 개최하여야 하거나 부득이한 사유가 있는 경우에는 회의 개최 <u>전날까지</u> 통보할 수 있다.

테마 03　　정책심의위원회

법 률　제2조의2(공인중개사 정책심의위원회)

① 공인중개사의 업무에 관한 다음 각 호의 사항을 심의하기 위하여 [　　　　　]에
　공인중개사 정책심의위원회를 [　　　　　].

　1. **공**인중개사의 시험 등 공인중개사의 자격취득에 관한 사항
　2. **부**동산 중개업의 [　　]에 관한 사항
　3. **손**해배상책임의 보장 등에 관한 사항
　4. [　　　　　] 변경에 관한 사항

③ 공인중개사 정책심의위원회에서 <u>공인중개사의 시험 등 공인중개사의 자격취득에
　관한 사항을 심의한 경우</u> [　　　　　]는 이에 따라야 한다.

시행령　제1조의2(공인중개사 정책심의위원회의 구성)

① 공인중개사 정책심의위원회는 위원장 1명을 [　]하여 [　]명 이상 [　]명 이내의
　위원으로 구성한다.

② 심의위원회 위원장은 [　　　　　　　]이 되고, <u>위원</u>은 다음 각 호의 어느
　하나에 해당하는 사람 중에서 <u>[　　　　　　　]이 임명하거나 위촉한다.</u>

시행령　제1조의3(위원의 제척·기피·회피 등)

③ [　　　　　　　]은 위원이 제1항의 제척사유에 해당하는 데에도 불구하고
　회피하지 아니한 경우에는 해당 위원을 해촉(解囑)할 수 있다.

④ 해당 안건의 당사자는 위원에게 공정한 심의·의결을 기대하기 어려운 사정이
　있는 경우에는 심의위원회에 기피 신청을 할 수 있고, <u>심의위원회는 [　]로</u>
　이를 결정한다. 이 경우 기피 신청의 대상인 위원은 그 의결에 참여하지 못
　한다.

제1조의4(위원장의 직무)

② 위원장이 부득이한 사유로 직무를 수행할 수 없을 때에는 [　　　]이 미리 지명한
　<u>위원이 그 직무를 대행한다.</u>

제1조의5(심의위원회의 운영)

③ 위원장은 심의위원회의 회의를 소집하려면 회의 개최 [　]일 전까지 회의의
　일시, 장소 및 안건을 각 위원에게 통보하여야 한다. 다만, 긴급하게 개최하여야
　하거나 부득이한 사유가 있는 경우에는 회의 개최 <u>전날까지</u> 통보할 수 있다.

시행령 **제3조(국토교통부장관이 시행하는 자격시험)** 국토교통부장관이 직접 시험문제를 출제하거나 시험을 시행하려는 경우에는 <u>심의위원회의 의결</u>을 미리 거쳐야 한다.

제7조(시험의 시행·공고) ① 시험은 매년 1회 이상 시행한다. 다만, 시험시행기관장은 시험을 시행하기 어려운 부득이한 사정이 있는 경우에는 <u>심의위원회의 의결</u>을 거쳐 해당 연도의 시험을 시행하지 아니할 수 있다.

법 률 **제4조의3(부정행위자에 대한 제재)** 시험시행기관장은 시험에서 부정한 행위를 한 응시자에 대하여는 그 시험을 무효로 하고, 그 <u>처분이 있은 날부터 5년간</u> 시험응시자격을 정지한다.

제6조(결격사유) 공인중개사의 자격이 취소된 후 3년이 지나지 아니한 자는 공인중개사가 될 수 없다.

법 률 **제5조(자격증의 교부 등)**

② 시·도지사는 합격자에게 <u>국토교통부령으로 정하는 바에 따라</u> 공인중개사자격증을 교부하여야 한다.

시행규칙 ① 시·도지사는 시험합격자의 결정 공고일부터 1개월 이내에 공인중개사자격증교부대장에 기재한 후, 시험 합격자에게 공인중개사자격증을 교부하여야 한다.

② 공인중개사자격증의 재교부를 신청하는 자는 별지 제4호서식의 재교부신청서를 자격증을 교부한 시·도지사에게 제출하여야 한다.

법 률 **제7조(자격증 대여 등의 금지)**

① 공인중개사는 다른 사람에게 자기의 성명을 사용하여 중개업무를 하게 하거나 자기의 공인중개사자격증을 양도 또는 대여하여서는 아니된다. · 자격취소 & 1-1

② 누구든지 다른 사람의 공인중개사자격증을 양수하거나 대여받아 이를 사용하여서는 아니된다. · 1-1

③ 누구든지 위 ①②에서 금지한 행위를 알선하여서는 아니 된다. · 1-1

제8조(유사명칭의 사용금지) 공인중개사가 아닌 자는 공인중개사 또는 이와 유사한 명칭을 사용하지 못한다. · 1-1

시행령   **제3조(국토교통부장관이 시행하는 자격시험)** [   ]이 직접 시험문제를 출제하거나 시험을 시행하려는 경우에는 심의위원회의 [   ]을 미리 거쳐야 한다.

제7조(시험의 시행·공고) ① 시험은 매년 1회 이상 시행한다. 다만, 시험시행기관장은 시험을 시행하기 어려운 부득이한 사정이 있는 경우에는 심의위원회의 [   ]을 거쳐 해당 연도의 시험을 시행하지 아니할 수 있다.

법 률   **제4조의3(부정행위자에 대한 제재)** 시험시행기관장은 시험에서 부정한 행위를 한 응시자에 대하여는 그 시험을 무효로 하고, 그 처분이 있은 날부터 [ ]년간 시험응시자격을 정지한다.

    제6조(결격사유) 공인중개사의 자격이 취소된 후 [ ]년이 지나지 아니한 자는 공인중개사가 될 수 없다.

법 률   **제5조(자격증의 교부 등)**

② [   ]는 합격자에게 국토교통부령으로 정하는 바에 따라 공인중개사자격증을 교부하여야 한다.

시행규칙   ① [   ]는 시험합격자의 결정 공고일부터 [ ]개월 이내에 공인중개사자격증교부대장에 기재한 후, 시험 합격자에게 공인중개사자격증을 교부하여야 한다.

    ② 공인중개사자격증의 재교부를 신청하는 자는 별지 제4호서식의 재교부신청서를 [   ] 시·도지사에게 제출하여야 한다.

법 률   **제7조(자격증 대여 등의 금지)**

① 공인중개사는 다른 사람에게 자기의 성명을 사용하여 중개업무를 하게 하거나 자기의 공인중개사자격증을 양도 또는 대여하여서는 아니된다. ▸[   ] & [   ]

② 누구든지 다른 사람의 공인중개사자격증을 양수하거나 대여받아 이를 사용하여서는 아니된다. ▸[   ]

③ 누구든지 위 ①②에서 금지한 행위를 [   ]하여서는 아니 된다. ▸[   ]

제8조(유사명칭의 사용금지) 공인중개사가 아닌 자는 공인중개사 또는 이와 유사한 명칭을 사용하지 못한다. ▸[   ]

테마 05 ▶ 개업공인중개사 등의 교육

법 률 제34조(개업공인중개사등의 교육)

① 중개사무소의 개설등록을 신청하려는 자(법인의 경우에는 사원·임원 전원) - 등록신청일 전 1년 이내 / 분사무소의 설치신고를 하려는 경우에는 분사무소의 책임자 - 설치신고일 전 1년 이내 시·도지사가 실시하는 실무교육을 받아야 한다. 다만, 다음 각 호의 어느 하나에 해당하는 자는 실무교육을 받지 않아도 된다.

　1. 폐업신고 후 1년 이내에 중개사무소의 개설등록을 다시 신청하거나 소속공인 중개사로 고용 신고를 하려는 자

　2. 소속공인중개사로서 고용관계 종료 신고 후 1년 이내에 중개사무소 개설등록을 신청하거나 소속공인중개사로 다시 고용 신고를 하려는 자

② 소속공인중개사는 고용 신고일 전 1년 이내에 시·도지사가 실시하는 실무교육을 받아야 한다.

③ 중개보조원은 고용 신고일 전 1년 이내에 시·도지사 또는 등록관청이 실시하는 직무교육을 받아야 한다. 다만, 고용관계 종료 신고 후 1년 이내에 고용 신고를 다시 하려는 자는 직무교육을 받지 않아도 된다.

④ 실무교육을 받은 개업공인중개사 및 소속공인중개사는 실무교육을 받은 후 2년 마다 시·도지사가 실시하는 연수교육을 받아야 한다.

　▶ 정당한 사유 없이 연수교육을 받지 아니하면 시·도지사가 500만원 이하 과태료 부과

⑤ 국토교통부장관은 시·도지사가 실시하는 실무교육, 직무교육 및 연수교육의 전 국적인 균형유지를 위하여 필요하다고 인정하면 해당 교육의 지침을 마련하여 시행할 수 있다.

법률 제34조(개업공인중개사등의 교육)

① 중개사무소의 개설등록을 신청하려는 자(법인의 경우에는 사원·임원 [   ]) –
등록신청일 전 1년 이내 / 분사무소의 설치신고를 하려는 경우에는 분사무소의
책임자 – 설치신고일 전 1년 이내 [   ]가 실시하는 [   ]을 받아야
한다. 다만, 다음 각 호의 어느 하나에 해당하는 자는 실무교육을 받지 않아도
된다.

　1. 폐업신고 후 [ ]년 이내에 중개사무소의 개설등록을 다시 신청하거나 소속
　　공인중개사로 고용 신고를 하려는 자

　2. 소속공인중개사로서 고용관계 종료 신고 후 [ ]이내에 중개사무소 개설등록을
　　신청하거나 소속공인중개사로 다시 고용 신고를 하려는 자

② 소속공인중개사는 고용 신고일 전 1년 이내에 [   ]가 실시하는 실무교육을
받아야 한다.

③ 중개보조원은 고용 신고일 전 1년 이내에 [   ] 또는 [   ]이 실시하는
[   ]을 받아야 한다. 다만, 고용관계 종료 신고 후 1년 이내에 고용 신고를
다시 하려는 자는 [   ]을 받지 않아도 된다.

④ 실무교육을 받은 개업공인중개사 및 소속공인중개사는 실무교육을 받은 후 2년
마다 시·도지사가 실시하는 [   ]을 받아야 한다.

　▸ 정당한 사유 없이 연수교육을 받지 아니하면 시·도지사가 [   ]만원 이하
　　과태료 부과

⑤ [   ]은 시·도지사가 실시하는 실무교육, 직무교육 및 연수교육의 전
국적인 균형유지를 위하여 필요하다고 인정하면 해당 교육의 지침을 마련하여
시행할 수 있다.

시행령 **제28조(개업공인중개사 등의 교육 등)**

① 실무교육의 내용 및 시간은 다음 각 호와 같다.

 1. 교육내용: 개업공인중개사 및 소속공인중개사의 직무수행에 필요한 법률지식, 부동산 중개 및 경영 실무, 직업윤리 등

 2. 교육시간: 28시간 이상 32시간 이하

② 직무교육의 내용 및 시간은 다음 각 호와 같다.

 1. 교육내용: 중개보조원의 직무수행에 필요한 직업윤리 등

 2. 교육시간: 3시간 이상 4시간 이하

③ 연수교육의 내용 및 시간은 다음 각 호와 같다.

 1. 교육내용: 부동산중개 관련 법·제도의 변경사항, 부동산 중개 및 경영 실무, 직업윤리 등

 2. 교육시간: 12시간 이상 16시간 이하

④ 시·도지사는 연수교육을 실시하려는 경우 실무교육 또는 연수교육을 받은 후 2년이 되기 2개월 전까지 연수교육의 일시·장소·내용 등을 대상자에게 통지하여야 한다.

법 률 **제34조의2(개업공인중개사등에 대한 교육비 지원 등)**

① 국토교통부장관, 시·도지사 및 등록관청은 필요하다고 인정하면 대통령령으로 정하는 바에 따라 개업공인중개사등의 부동산거래사고 예방을 위한 교육을 실시할 수 있다.

② 국토교통부장관, 시·도지사 및 등록관청은 개업공인중개사등이 부동산거래사고 예방 등을 위하여 교육을 받는 경우에는 대통령령으로 정하는 바에 따라 필요한 비용을 지원할 수 있다.

시행령 **제28조의2(개업공인중개사 등 교육비 지원 등)**

② 국토교통부장관, 시·도지사 및 등록관청은 부동산거래사고 예방을 위한 교육을 실시하려는 경우에는 교육일 10일 전까지 교육일시·교육장소 및 교육내용, 그 밖에 교육에 필요한 사항을 공고하거나 교육대상자에게 통지하여야 한다.

제28조(개업공인중개사 등의 교육 등)

① 실무교육의 내용 및 시간은 다음 각 호와 같다.

　1. 교육내용: 개업공인중개사 및 소속공인중개사의 직무수행에 필요한 법률지식, 부동산 중개 및 경영 실무, 직업윤리 등

　2. 교육시간: [　]시간 이상 [　]시간 이하

② 직무교육의 내용 및 시간은 다음 각 호와 같다.

　1. 교육내용: 중개보조원의 직무수행에 필요한 [　　　　　] 등

　2. 교육시간: [　]시간 이상 [　]시간 이하

③ 연수교육의 내용 및 시간은 다음 각 호와 같다.

　1. 교육내용: 부동산중개 관련 법·제도의 [　　　　　], 부동산 중개 및 경영 실무, 직업윤리 등

　2. 교육시간: [　]시간 이상 [　]시간 이하

④ 시·도지사는 연수교육을 실시하려는 경우 실무교육 또는 연수교육을 받은 후 [　]년이 되기 [　]개월 전까지 연수교육의 일시·장소·내용 등을 대상자에게 통지하여야 한다.

법 률 **제34조의2(개업공인중개사등에 대한 교육비 지원 등)**

① [　　　　　　　, 　　　　　 및 　　　　　]은 필요하다고 인정하면 대통령령으로 정하는 바에 따라 개업공인중개사등의 부동산거래사고 예방을 위한 교육을 실시할 수 있다.

② 국토교통부장관, 시·도지사 및 등록관청은 개업공인중개사등이 부동산거래사고 예방 등을 위하여 교육을 받는 경우에는 대통령령으로 정하는 바에 따라 필요한 [　　　]을 지원할 수 있다.

시행령 **제28조의2(개업공인중개사 등 교육비 지원 등)**

② 국토교통부장관, 시·도지사 및 등록관청은 부동산거래사고 예방을 위한 교육을 실시하려는 경우에는 교육일 [　]일 전까지 교육일시·교육장소 및 교육내용, 그 밖에 교육에 필요한 사항을 공고하거나 교육대상자에게 통지하여야 한다.

법 률　제9조(중개사무소의 개설등록)

① 중개업을 영위하려는 자는 국토교통부령으로 정하는 바에 따라 중개사무소(법인 의 경우에는 주된 중개사무소를 말한다)를 두려는 지역을 관할하는 시장(구가 설치되지 아니한 시의 시장과 특별자치도 행정시의 시장을 말한다)·군수 또는 구청장(이하 "등록관청"이라 한다)에게 중개사무소의 개설등록을 하여야 한다.

② 공인중개사(소속공인중개사는 제외한다) 또는 법인이 아닌 자는 중개사무소의 개설등록을 신청할 수 없다. ▸소속공인중개사는 개설등록을 신청할 수 없다.

시행령　제13조(중개사무소 개설등록의 기준 등)

① 중개사무소 개설등록의 기준은 다음 각 호와 같다. 다만, 다른 법률의 규정에 따라 부동산중개업을 할 수 있는 경우에는 다음 각 호의 기준을 적용하지 아니한다.

　1. 공인중개사가 중개사무소를 개설하고자 하는 경우

　　가. 법 제34조제1항의 규정에 따른 실무교육을 받았을 것

　　나. 건축물대장(「건축법」에 따른 가설건축물대장은 제외한다)에 기재된 건물 (준공검사, 준공인가, 사용승인, 사용검사 등을 받은 건물로서 건축물대장에 기재되기 전의 건물을 포함한다)에 중개사무소를 확보(소유·전세·임대차 또는 사용대차 등의 방법에 의하여 사용권을 확보하여야 한다)할 것

　2. 법인이 중개사무소를 개설하려는 경우

　　가. 「상법」상 회사 또는 「협동조합 기본법」에 따른 협동조합(사회적협동조합은 제외한다)으로서 자본금이 5천만원 이상일 것

　　나. 법 제14조에 규정된 업무만을 영위할 목적으로 설립된 법인일 것

　　다. 대표자는 공인중개사이어야 하며, 대표자를 제외한 임원 또는 사원(합명회사 또는 합자회사의 무한책임사원을 말한다)의 3분의 1 이상은 공인중개사일 것

　　라. 대표자, 임원 또는 사원 전원 및 분사무소의 분사무소를 설치하려는 경우 에는 책임자가 실무교육을 받았을 것

　　마. 건축물대장에 기재된 건물에 중개사무소를 확보(소유·전세·임대차 또는 사용대차 등의 방법에 의하여 사용권을 확보하여야 한다)할 것

테마 06 　중개사무소 개설등록

법률 **제9조(중개사무소의 개설등록)**

① 중개업을 영위하려는 자는 국토교통부령으로 정하는 바에 따라 중개사무소(법인의 경우에는 주된 중개사무소를 말한다)를 두려는 지역을 관할하는 시장([구가설치 　　　　　　　　　　]과 특별자치도 행정시의 시장을 말한다)·군수 또는 구청장(이하 "등록관청"이라 한다)에게 중개사무소의 개설등록을 하여야 한다.

② 공인중개사(소속공인중개사는 [　]한다) 또는 법인이 아닌 자는 중개사무소의 개설등록을 신청할 수 없다. ▸소속공인중개사는 개설등록을 신청할 수 없다.

시행령 **제13조(중개사무소 개설등록의 기준 등)**

① 중개사무소 개설등록의 기준은 다음 각 호와 같다. 다만, [　] 법률의 규정에 따라 부동산중개업을 할 수 있는 경우에는 다음 각 호의 기준을 적용하지 아니한다.

1. 공인중개사가 중개사무소를 개설하고자 하는 경우

　가. 법 제34조제1항의 규정에 따른 [　]교육을 받았을 것

　나. 건축물대장(「건축법」에 따른 가설건축물대장은 [　]한다)에 기재된 건물(준공검사, 준공인가, 사용승인, 사용검사 등을 받은 건물로서 건축물대장에 기재되기 전의 건물을 포함한다)에 중개사무소를 확보(소유·전세·임대차 또는 [　　　　] 등의 방법에 의하여 사용권을 확보하여야 한다)할 것

2. 법인이 중개사무소를 개설하려는 경우

　가. 「상법」상 회사 또는 「협동조합 기본법」에 따른 협동조합([　　]협동조합은 제외한다)으로서 자본금이 [　]천만원 이상일 것

　나. 법 제14조에 규정된 업무만을 영위할 목적으로 설립된 법인일 것

　다. 대표자는 공인중개사이어야 하며, 대표자를 [　]한 임원 또는 사원(합명회사 또는 합자회사의 무한책임사원을 말한다)의 [ ]분의 1 이상은 공인중개사일 것

　라. 대표자, 임원 또는 사원 [　] 및 분사무소의 분사무소를 설치하려는 경우에는 [　　　]가 실무교육을 받았을 것

　마. 건축물대장에 기재된 건물에 중개사무소를 확보(소유·[　]·임대차 또는 사용대차 등의 방법에 의하여 [　　　]을 확보하여야 한다)할 것

① 중개사무소의 개설등록을 하려는 자는 부동산중개사무소 개설등록신청서에 다음 각 호의 서류(전자문서를 포함한다)를 첨부하여 중개사무소(법인의 경우에는 주된 중개사무소)를 두고자 하는 지역을 관할하는 등록관청에게 신청하여야 한다.

이 경우 등록관청은 공인중개사자격증을 발급한 시·도지사에게 개설등록을 하려는 자(법인의 경우에는 대표자를 포함한 공인중개사인 임원 또는 사원)의 공인중개사 자격 확인을 요청하여야 하고, 「전자정부법」에 따라 행정정보의 공동이용을 통하여 법인등기사항증명서와 건축물대장을 확인하여야 한다.

▸공인중개사자격증 사본 첨부(X) 법인등기사항증명서 첨부(X) 건축물대장 첨부(X)

1. 실무교육의 수료확인증 사본(실무교육을 위탁받은 기관 또는 단체가 실무교육 수료 여부를 등록관청이 전자적으로 확인할 수 있도록 조치한 경우는 제외한다)

2. 여권용 사진

3. 중개사무소를 확보하였음을 증명하는 서류. 다만, 건축물대장에 기재되지 아니한 건물에 중개사무소를 확보하였을 경우에는 건축물대장 기재가 지연되는 사유를 적은 서류도 함께 내야 한다.

4. 외국인이나 외국에 주된 영업소를 둔 법인의 경우에 한하여 제출하는 서류

　가. 등록의 결격사유 어느 하나에 해당되지 아니함을 증명하는 서류

　나. 「상법」 규정에 따른 영업소의 등기를 증명할 수 있는 서류

② 중개사무소 개설등록의 신청을 받은 등록관청은 다음 각 호의 개업공인중개사의 종별에 따라 구분하여 개설등록을 하고, 개설등록 신청을 받은 날부터 7일 이내에 등록신청인에게 서면으로 통지하여야 한다.

1. 법인인 개업공인중개사

2. 공인중개사인 개업공인중개사

③ [종별변경] 중개사무소의 개설등록을 한 개업공인중개사가 종별을 달리하여 업무를 하고자 하는 경우에는 등록신청서를 다시 제출하여야 한다. 이 경우 종전에 제출한 서류 중 변동사항이 없는 서류는 제출하지 아니할 수 있으며, 종전의 등록증은 이를 반납하여야 한다.

① 중개사무소의 개설등록을 하려는 자는 부동산중개사무소 개설등록신청서에 다음 각 호의 서류(전자문서를 포함한다)를 첨부하여 중개사무소(법인의 경우에는 주된 중개사무소)를 두고자 하는 지역을 관할하는 등록관청에게 신청하여야 한다.

이 경우 등록관청은 공인중개사자격증을 발급한 시·도지사에게 개설등록을 하려는 자(법인의 경우에는 대표자를 포함한 공인중개사인 임원 또는 사원)의 공인중개사 자격 확인을 요청하여야 하고, 「전자정부법」에 따라 행정정보의 공동이용을 통하여 법인[   ]와 [   ]을 확인하여야 한다.

　▸공인중개사자격증 사본 첨부( )　법인등기사항증명서 첨부( )　건축물대장 첨부( )

1. 실무교육의 수료확인증 사본(실무교육을 위탁받은 기관 또는 단체가 실무교육 수료 여부를 등록관청이 전자적으로 확인할 수 있도록 조치한 경우는 제외한다)

2. 여권용 사진

3. 중개사무소를 확보하였음을 증명하는 서류. 다만, 건축물대장에 기재되지 아니한 건물에 중개사무소를 확보하였을 경우에는 건축물대장 기재가 지연되는 사유를 적은 서류도 함께 내야 한다.

4. 외국인이나 외국에 주된 영업소를 둔 법인의 경우에 한하여 제출하는 서류

　가. 등록의 결격사유 어느 하나에 해당되지 아니함을 증명하는 서류

　나.「   」규정에 따른 [   ]의 등기를 증명할 수 있는 서류

② 중개사무소 개설등록의 신청을 받은 등록관청은 다음 각 호의 개업공인중개사의 종별에 따라 구분하여 개설등록을 하고, 개설등록 신청을 받은 날부터 [ ]일 이내에 등록신청인에게 서면으로 통지하여야 한다.

　1. 법인인 개업공인중개사

　2. 공인중개사인 개업공인중개사

③ [종별변경] 중개사무소의 개설등록을 한 개업공인중개사가 종별을 달리하여 업무를 하고자 하는 경우에는 등록신청서를 다시 제출하여야 한다. 이 경우 종전에 제출한 서류 중 변동사항이 없는 서류는 제출하지 아니할 수 있으며, 종전의 [   ]은 이를 반납하여야 한다.

`법률` **제11조(등록증의 교부 등)** `시행규칙` **제5조(등록증의 교부 및 재교부)**

① 등록관청은 중개사무소의 개설등록을 한 자에 대하여 국토교통부령으로 정하는 바에 따라 중개사무소등록증을 교부하여야 한다.

② 등록관청은 중개사무소의 개설등록을 한 자가 보증을 설정하였는지 여부를 확인한 후 중개사무소등록증을 지체 없이 교부하여야 한다.

`시행령` **제14조(등록사항 등의 통보)** 등록관청은 다음 각 호의 어느 하나에 해당하는 때에는 그 사실을 다음달 10일까지 공인중개사협회에 통보하여야 한다.

1. 중개사무소등록증을 교부한 때

2. 분사무소 설치신고 · 중개사무소 이전신고 또는 휴업 · 폐업 · 휴업기간의 변경 · 휴업한 중개업의 재개신고를 받은 때

3. 소속공인중개사 또는 중개보조원의 고용이나 고용관계 종료의 신고를 받은 때

4. 등록취소 또는 업무정지에 따른 행정처분을 한 때

`법률` **제12조(이중등록의 금지 등)**

① 개업공인중개사는 이중으로 중개사무소의 개설등록을 하여 중개업을 할 수 없다.
  ‣ 절대적 등록취소 & 1년 이하의 징역 또는 1천만원 이하의 벌금

② 개업공인중개사등은 다른 개업공인중개사의 소속공인중개사 · 중개보조원 또는 개업공인중개사인 법인의 사원 · 임원이 될 수 없다. ‣ 절등취, 자격정지 & 1-1

`법률` **제19조(중개사무소등록증 대여 등의 금지)**

① 개업공인중개사는 다른 사람에게 자기의 성명 또는 상호를 사용하여 중개업무를 하게 하거나 자기의 중개사무소등록증을 양도 또는 대여하는 행위를 하여서는 아니된다. ‣ 절등취&1-1

② 누구든지 다른 사람의 성명 또는 상호를 사용하여 중개업무를 하거나 다른 사람의 중개사무소등록증을 양수 또는 대여받아 이를 사용하는 행위를 하여서는 아니된다. ‣ 1-1

③ 누구든지 제1항 및 제2항에서 금지한 행위를 알선해서는 아니된다. ‣ 1-1

법 률 제11조(등록증의 교부 등) **시행규칙** 제5조(등록증의 교부 및 재교부)

① [   ]은 중개사무소의 개설등록을 한 자에 대하여 국토교통부령으로 정하는 바에 따라 중개사무소등록증을 교부하여야 한다.

② 등록관청은 중개사무소의 개설등록을 한 자가 [   ]을 설정하였는지 여부를 확인한 후 중개사무소등록증을 지체 없이 교부하여야 한다.

시행령 제14조(등록사항 등의 통보) [   ]은 다음 각 호의 어느 하나에 해당하는 때에는 그 사실을 다음달 10일까지 [   ]에 통보하여야 한다.

1. 중개사무소 [   ]을 교부한 때

2. [   ] 설치신고·중개사무소 [   ]신고 또는 휴업·폐업·휴업기간의 변경·휴업한 중개업의 재개신고를 받은 때

3. 소속공인중개사 또는 중개보조원의 [   ]이나 [   ] 종료의 신고를 받은 때

4. [   ] 또는 [   ]에 따른 행정처분을 한 때

법 률 제12조(이중등록의 금지 등)

① 개업공인중개사는 이중으로 중개사무소의 개설등록을 하여 중개업을 할 수 없다.
  ▸[   ] 등록취소 & [   ]년 이하의 징역 또는 [   ]천만원 이하의 벌금

② [   ]은 다른 개업공인중개사의 소속공인중개사·중개보조원 또는 개업공인중개사인 법인의 사원·임원이 될 수 없다. ▸절등취, 자격정지 & 1-1

법 률 제19조(중개사무소등록증 대여 등의 금지)

① 개업공인중개사는 다른 사람에게 자기의 [   ] 또는 [   ]를 사용하여 중개업무를 하게 하거나 자기의 중개사무소등록증을 양도 또는 대여하는 행위를 하여서는 아니된다. ▸절등취&1-1

② 누구든지 다른 사람의 [   ] 또는 [   ]를 사용하여 중개업무를 하거나 다른 사람의 중개사무소등록증을 양수 또는 대여받아 이를 사용하는 행위를 하여서는 아니된다. ▸1-1

③ 누구든지 제1항 및 제2항에서 금지한 행위를 [   ]해서는 아니된다. ▸1-1

법률 **제17조(중개사무소등록증 등의 게시)** 개업공인중개사는 중개사무소등록증·중개보수표 그 밖에 국토교통부령으로 정하는 사항을 해당 중개사무소 안의 보기 쉬운 곳에 게시하여야 한다. ▸100만원 이하 과태료

시행규칙 **제10조(중개사무소등록증 등의 게시)** 법 제17조에서 국토교통부령으로 정하는 사항이란 다음 각 호의 사항을 말한다.

1. 중개사무소등록증 원본(법인인 개업공인중개사의 분사무소의 경우에는 분사무소 설치신고확인서 원본을 말한다)

2. 중개보수·실비의 요율 및 한도액표

3. 개업공인중개사 및 소속공인중개사의 공인중개사자격증 원본

4. 보증의 설정을 증명할 수 있는 서류

5. 「부가가치세법 시행령」에 따른 사업자등록증

법 률 **제17조(중개사무소등록증 등의 게시)** 개업공인중개사는 중개사무소등록증 · 중개보수표 그 밖에 국토교통부령으로 정하는 사항을 해당 중개사무소 안의 보기 쉬운 곳에 게시하여야 한다. ‣100만원 이하 과태료

시행규칙 **제10조(중개사무소등록증 등의 게시)** 법 제17조에서 국토교통부령으로 정하는 사항이란 다음 각 호의 사항을 말한다.

1. 중개사무소등록증 [   ](법인인 개업공인중개사의 분사무소의 경우에는 분사무소 설치신고확인서 원본을 말한다)

2. [   ] · 실비의 요율 및 한도액표

3. 개업공인중개사 및 소속공인중개사의 공인중개사자격증 [   ]

4. [   ]의 설정을 증명할 수 있는 서류

5. 「부가가치세법 시행령」에 따른 [   ]

법 률 **제10조(등록의 결격사유 등)** ① 다음에 해당하는 자는 개설등록을 할 수 없다.

1. 미성년자

2. 피성년후견인 또는 피한정후견인

3. 파산선고를 받고 복권되지 아니한 자

4. 금고 이상 실형선고를 받고 그 집행이 종료된 날부터 3년이 지나지 아니한 자
   금고 이상 실형선고를 받고 그 집행이 면제된 날부터 3년이 지나지 아니한 자

5. 금고 이상의 형의 집행유예를 받고 그 유예기간이 만료된 날부터 2년이 지나지 아니한 자

6. 공인중개사법을 위반하여 300만원 이상의 벌금형의 선고를 받고 3년이 지나지 아니한 자

7. 공인중개사의 자격이 취소된 후 3년이 지나지 아니한 자

8. 공인중개사의 자격이 정지된 자로서 자격정지기간중에 있는 자

9. 절등취(해산, 결격사유 제외), 임등취(등록기준 미달 제외)에 해당하는 사유로 중개사무소의 개설등록이 취소된 후 3년이 지나지 아니한 자.

   다만, 폐업 후 재등록한 개업공인중개사가 폐업 전의 사유로 등록이 취소된 경우에는 3년에서 폐업기간을 공제한 기간이 경과되지 아니한 자

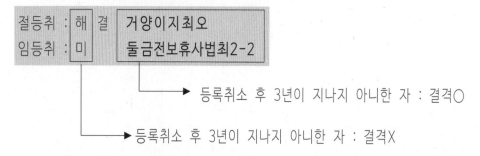

10. 업무정지처분을 받고 폐업신고를 한 자로서 업무정지기간(폐업에도 불구하고 진행되는 것으로 본다)이 지나지 아니한 자

11. 업무정지처분을 받은 개업공인중개사인 법인의 업무정지의 사유가 발생한 당시의 사원 또는 임원이었던 자로서 업무정지기간이 지나지 아니한 자

12. 사원 또는 임원 중 위 1부터 11까지의 어느 하나에 해당하는 자가 있는 법인

② 제1항 제1호부터 제11호까지의 어느 하나에 해당하는 자는 소속공인중개사 또는 중개보조원이 될 수 없다.

테마 07 · 등록의 결격사유

법 률 **제10조(등록의 결격사유 등)** ① 다음에 해당하는 자는 개설등록을 할 수 없다.

1. 미성년자

2. 피[   ]후견인 또는 피[   ]후견인

3. 파산선고를 받고 [   ]되지 아니한 자

4. 금고 이상 실형선고를 받고 그 집행이 [   ]된 날부터 3년이 지나지 아니한 자
   금고 이상 실형선고를 받고 그 집행이 [   ]된 날부터 3년이 지나지 아니한 자

5. 금고 이상의 형의 집행유예를 받고 그 유예기간이 만료된 날부터 [   ]년이
   지나지 아니한 자

6. [   ]을 위반하여 [   ]만원 이상의 벌금형의 선고를 받고 3년이
   지나지 아니한 자

7. 공인중개사의 자격이 취소된 후 [   ]년이 지나지 아니한 자

8. 공인중개사의 자격이 정지된 자로서 자격정지기간중에 있는 자

9. 절등취(해산, 결격사유 제외), 임등취(등록기준 미달 제외)에 해당하는 사유로
   중개사무소의 개설등록이 취소된 후 [   ]년이 지나지 아니한 자.

   다만, 폐업 후 재등록한 개업공인중개사가 폐업 전의 사유로 등록이 취소된
   경우에는 3년에서 [   ]을 공제한 기간이 경과되지 아니한 자

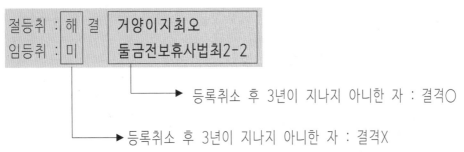

10. 업무정지처분을 받고 폐업신고를 한 자로서 업무정지기간(폐업에도 불구하고
    진행되는 것으로 본다)이 지나지 아니한 자

11. 업무정지처분을 받은 개업공인중개사인 법인의 업무정지의 [   ]가 발생한
    당시의 사원 또는 임원이었던 자로서 업무정지기간이 지나지 아니한 자

12. [ ] 또는 [ ] 중 위 1부터 11까지의 어느 하나에 해당하는 자가 있는 법인

② 제1항제1호부터 제11호까지의 어느 하나에 해당하는 자는 소속공인중개사
   또는 [   ]이 될 수 없다.

법 률 **제13조(중개사무소의 설치기준)**

① 개업공인중개사는 그 등록관청의 관할 구역 안에 중개사무소를 두되, 1개의 중개사무소만을 둘 수 있다.

② 개업공인중개사는 천막 그 밖에 이동이 용이한 임시 중개시설물을 설치하여서는 아니된다.

③ 법인인 개업공인중개사는 대통령령으로 정하는 기준과 절차에 따라 등록관청에 신고하고 그 관할 구역 외의 지역에 분사무소를 둘 수 있다.

시행령 **제15조(분사무소의 설치)**

① 분사무소는 주된 사무소의 소재지가 속한 시·군·구를 제외한 시·군·구별로 설치하되, 시·군·구별로 1개소를 초과할 수 없다.

② 분사무소에는 공인중개사를 책임자로 두어야 한다. 다만, 다른 법률의 규정에 따라 중개업을 할 수 있는 법인의 분사무소인 경우에는 공인중개사를 책임자로 두지 않아도 된다.

③ 분사무소의 설치신고를 하려는 자는 국토교통부령으로 정하는 분사무소설치 신고서에 다음의 서류를 첨부하여 주된 사무소의 소재지를 관할하는 등록관청에 제출하여야 한다. 이 경우 등록관청은 공인중개사 자격증을 발급한 시·도지사에게 분사무소 책임자의 공인중개사 자격 확인을 요청하여야 하고, 「전자정부법」에 따른 행정정보의 공동이용을 통하여 법인 등기사항증명서를 확인하여야 한다.

1. 분사무소 책임자의 실무교육의 수료확인증 사본

2. 보증의 설정을 증명할 수 있는 서류

3. 건축물대장에 기재된 건물에 분사무소를 확보(소유·전세·임대차 또는 사용 대차 등의 방법에 의하여 사용권을 확보하여야 한다)하였음을 증명하는 서류. 다만, 건축물대장에 기재되지 아니한 건물에 분사무소를 확보하였을 경우에는 건축물대장 기재가 지연되는 사유를 적은 서류도 함께 내야 한다.

테마 08 중개사무소 설치, 분사무소 설치, 중개사무소 공동사용

법 률 제13조(중개사무소의 설치기준)

① 개업공인중개사는 그 등록관청의 관할 구역 안에 중개사무소를 두되, [ ]개의 중개사무소만을 둘 수 있다.

② 개업공인중개사는 천막 그 밖에 이동이 용이한 [   ] 중개시설물을 설치하여서는 아니된다.

③ [   ]인 개업공인중개사는 대통령령으로 정하는 기준과 절차에 따라 등록관청에 [   ]하고 그 관할 구역 외의 지역에 분사무소를 둘 수 있다.

시행령 제15조(분사무소의 설치)

① 분사무소는 주된 사무소의 소재지가 속한 시·군·구를 [   ] 시·군·구별로 설치하되, 시·군·구별로 [ ]개소를 초과할 수 없다.

② 분사무소에는 공인중개사를 책임자로 두어야 한다. 다만, 다른 법률의 규정에 따라 중개업을 할 수 있는 법인의 분사무소인 경우에는 [   ]를 책임자로 두지 않아도 된다.

③ 분사무소의 설치신고를 하려는 자는 국토교통부령으로 정하는 분사무소설치신고서에 다음의 서류를 첨부하여 [ ] 사무소의 소재지를 관할하는 등록관청에 제출하여야 한다. 이 경우 등록관청은 공인중개사 자격증을 발급한 시·도지사에게 분사무소 [   ]의 공인중개사 자격 확인을 요청하여야 하고, 「전자정부법」에 따른 행정정보의 공동이용을 통하여 [   ]를 확인하여야 한다.

1. 분사무소 책임자의 [   ]교육의 수료확인증 사본

2. [   ]의 설정을 증명할 수 있는 서류

3. 건축물대장에 기재된 건물에 분사무소를 확보(소유·전세·임대차 또는 사용대차 등의 방법에 의하여 사용권을 확보하여야 한다)하였음을 증명하는 서류. 다만, 건축물대장에 기재되지 아니한 건물에 분사무소를 확보하였을 경우에는 건축물대장 기재가 지연되는 사유를 적은 서류도 함께 내야 한다.

`법 률` **제13조(중개사무소의 설치기준)**

④ 분사무소 설치신고를 받은 등록관청은 그 신고내용이 적합한 경우에는 국토교통부령으로 정하는 신고확인서를 교부하고 / 지체 없이 그 분사무소설치예정지역을 관할하는 시장·군수 또는 구청장에게 이를 통보하여야 한다.

`법 률` **제13조(중개사무소의 설치기준)**

⑥ 개업공인중개사는 그 업무의 효율적인 수행을 위하여 다른 개업공인중개사와 중개사무소를 공동으로 사용할 수 있다.

`시행령` **제16조(중개사무소의 공동사용)**

① 법 제13조제6항 본문에 따라 중개사무소를 공동으로 사용하려는 개업공인중개사는 중개사무소의 개설등록 또는 중개사무소의 이전신고를 하는 때에 그 중개사무소를 사용할 권리가 있는 다른 개업공인중개사의 승낙서를 첨부하여야 한다.

② 업무의 정지기간 중에 있는 개업공인중개사는 다음 각 호의 어느 하나에 해당하는 방법으로 다른 개업공인중개사와 중개사무소를 공동으로 사용할 수 없다.

  1. 업무의 정지기간 중에 있는 개업공인중개사는 다른 개업공인중개사에게 중개사무소의 공동사용을 위하여 사용승낙서를 주는 방법으로 중개사무소를 공동으로 사용할 수 없다. 다만, 업무의 정지기간 중에 있는 개업공인중개사가 영업정지 처분을 받기 전부터 중개사무소를 공동사용 중인 다른 개업공인중개사는 중개업무를 할 수 있다.

  2. 업무의 정지기간 중에 있는 개업공인중개사는 다른 개업공인중개사의 중개사무소를 공동으로 사용하기 위하여 중개사무소의 이전신고를 하는 방법으로 중개사무소를 공동으로 사용할 수 없다.

법률 **제13조(중개사무소의 설치기준)**

④ 분사무소 설치신고를 받은 등록관청은 그 신고내용이 적합한 경우에는 국토교통부령으로 정하는 신고확인서를 교부하고 / [   ] 그 분사무소설치예정지역을 관할하는 시장·군수 또는 구청장에게 이를 통보하여야 한다.

법률 **제13조(중개사무소의 설치기준)**

⑥ 개업공인중개사는 그 업무의 효율적인 수행을 위하여 다른 개업공인중개사와 중개사무소를 공동으로 사용할 수 있다.

시행령 **제16조(중개사무소의 공동사용)**

① 법 제13조제6항 본문에 따라 중개사무소를 공동으로 사용하려는 개업공인중개사는 중개사무소의 개설등록 또는 중개사무소의 이전신고를 하는 때에 그 중개사무소를 사용할 권리가 있는 다른 개업공인중개사의 [   ]를 첨부하여야 한다.

② 업무의 정지기간 중에 있는 개업공인중개사는 다음 각 호의 어느 하나에 해당하는 방법으로 다른 개업공인중개사와 중개사무소를 공동으로 사용할 수 없다.

  1. [   ] 중에 있는 개업공인중개사는 다른 개업공인중개사에게 중개사무소의 공동사용을 위하여 사용승낙서를 주는 방법으로 중개사무소를 공동으로 사용할 수 없다. 다만, 업무의 정지기간 중에 있는 개업공인중개사가 영업정지 처분을 받기 전부터 중개사무소를 공동사용 중인 다른 개업공인중개사는 중개업무를 할 수 있다.

  2. [   ] 중에 있는 개업공인중개사는 다른 개업공인중개사의 중개사무소를 공동으로 사용하기 위하여 중개사무소의 이전신고를 하는 방법으로 중개사무소를 공동으로 사용할 수 없다.

법률 제18조(명칭)

① 개업공인중개사(법인, 공인중개사)는 그 사무소의 명칭에 "공인중개사사무소" 또는 "부동산중개"라는 문자를 사용하여야 한다. ·100만원 이하 과태료

  ■ 부칙상 개업공인중개사는 그 사무소의 명칭에 "공인중개사사무소"라는 문자를 사용해서는 아니된다. ·100만원 이하 과태료

② 개업공인중개사가 아닌 자는 "공인중개사사무소", "부동산중개" 또는 이와 유사한 명칭을 사용하여서는 아니된다. ·1년 이하 징역 또는 1천만원 이하 벌금

③ 개업공인중개사가 옥외광고물을 설치하는 경우 중개사무소등록증에 표기된 개업공인중개사(법인의 경우에는 대표자, 법인 분사무소의 경우에는 신고확인서에 기재된 책임자를 말한다)의 성명을 표기하여야 한다. ·100만원 이하 과태료

⑤ 등록관청은 제1항부터 제3항까지의 규정을 위반한 사무소의 간판 등에 대하여 철거를 명할 수 있다. 이 경우 그 명령을 받은 자가 철거를 이행하지 아니하는 경우에는 「행정대집행법」에 의하여 대집행을 할 수 있다.

테마 09 　중개사무소의 명칭

법률 제18조(명칭)

① 개업공인중개사(법인, 공인중개사)는 그 사무소의 명칭에 "공인중개사사무소" 또는 [　　　　　]라는 문자를 사용하여야 한다. ‣100만원 이하 과태료

　■ 부칙상 개업공인중개사는 그 사무소의 명칭에 [　　　　　　　]라는 문자를 사용해서는 아니된다. ‣100만원 이하 과태료

② 개업공인중개사가 아닌 자는 "공인중개사사무소", "부동산중개" 또는 이와 유사한 명칭을 사용하여서는 아니된다. ‣1년 이하 징역 또는 1천만원 이하 벌금

③ 개업공인중개사가 <u>옥외광고물</u>을 설치하는 경우 중개사무소등록증에 표기된 개업공인중개사(법인의 경우에는 대표자, 법인 분사무소의 경우에는 신고확인서에 기재된 [　　]를 말한다)의 [　　]을 표기하여야 한다. ‣100만원 이하 과태료

⑤ [　　　　]은 제1항부터 제3항까지의 규정을 위반한 사무소의 간판 등에 대하여 철거를 명할 수 있다. 이 경우 그 명령을 받은 자가 철거를 이행하지 아니하는 경우에는 「_____」에 의하여 대집행을 할 수 있다.

법 률　제18조의2(중개대상물의 표시 · 광고)

① 개업공인중개사가 의뢰받은 중개대상물에 대하여 표시 · 광고를 하려면 중개사무소 및 개업공인중개사에 관한 사항으로서 대통령령으로 정하는 사항을 명시하여야 하며, 중개보조원에 관한 사항은 명시해서는 아니 된다.　· 100만원 이하 과태료

시행령　제17조의2(중개대상물의 표시 · 광고)

 1. 중개사무소의 **명칭**, 소재지, **연락처** 및 **등록번호**
 2. 개업공인중개사의 **성명**(법인인 경우에는 **대표자**의 성명)

법 률　제18조의2(중개대상물의 표시 · 광고)

② 개업공인중개사가 인터넷을 이용하여 중개대상물에 대한 표시 · 광고를 하는 때에는 중개사무소 및 개업공인중개사에 관한 사항 외에 **중개대상물**의 종류별로 소재지, 면적, 가격 등의 사항을 명시하여야 한다.　· 100만원 이하 과태료

시행령　제17조의2(인터넷을 이용한 중개대상물의 표시 · 광고)

① 중개사무소, 개업공인중개사에 관한 사항

 1. 중개사무소의 **명칭**, 소재지, **연락처** 및 **등록번호**
 2. 개업공인중개사의 **성명**(법인인 경우에는 **대표자**의 성명)

② 중개대상물에 관한 사항이란 다음 각 호의 사항을 말한다.

 1. 중개대상물의 종류, 소재지, 면적, 가격
 2. 거래 형태
 3. 건축물 및 그 밖의 토지의 정착물인 경우 다음 각 목의 사항
　　가. 총 층수
　　나. 「건축법」 등에 따른 사용승인 · 사용검사 · 준공검사 등을 받은 날
　　다. 건축물의 방향, 방의 개수, 욕실의 개수, 입주가능일, 주차대수 및 관리비

③ 중개대상물에 대한 제1항 및 제2항에 따른 사항의 구체적인 표시 · 광고 방법에 대해서는 국토교통부장관이 정하여 고시한다.

법 률 제18조의2(중개대상물의 표시 · 광고)

① 개업공인중개사가 의뢰받은 중개대상물에 대하여 표시 · 광고를 하려면 중개사무소 및 개업공인중개사에 관한 사항으로서 대통령령으로 정하는 사항을 명시하여야 하며, [　　　　　]에 관한 사항은 명시해서는 아니 된다. ・100만원 이하 과태료

시행령 제17조의2(중개대상물의 표시 · 광고)

　1. 중개사무소의 **명칭**, [　　], **연락처** 및 [　　　　　]
　2. 개업공인중개사의 [　　](법인인 경우에는 **대표자**의 [　　])

법 률 제18조의2(중개대상물의 표시 · 광고)

② 개업공인중개사가 **인터넷**을 이용하여 중개대상물에 대한 표시 · 광고를 하는 때에는 중개사무소 및 개업공인중개사에 관한 사항 외에 **중개대상물**의 종류별로 소재지, 면적, 가격 등의 사항을 명시하여야 한다. ・100만원 이하 과태료

시행령 제17조의2(인터넷을 이용한 중개대상물의 표시 · 광고)

① 중개사무소, 개업공인중개사에 관한 사항

　1. 중개사무소의 **명칭, 소재지, 연락처** 및 **등록번호**
　2. 개업공인중개사의 **성명**(법인인 경우에는 **대표자**의 성명)

② 중개대상물에 관한 사항이란 다음 각 호의 사항을 말한다.

　1. 중개대상물의 종류, [　　], 면적, [　　]
　2. [　　] 형태
　3. 건축물 및 그 밖의 토지의 정착물인 경우 다음 각 목의 사항
　　가. [　　　　]
　　나. 「건축법」등에 따른 사용승인 · 사용검사 · 준공검사 등을 받은 날
　　다. 건축물의 [　], 방의 [　], 욕실의 [　　], [　　], [　　] 및 [　　]

③ 중개대상물에 대한 제1항 및 제2항에 따른 사항의 구체적인 표시 · 광고 방법에 대해서는 [　　　　　　]이 정하여 고시한다.

법률 제18조의2(중개대상물의 표시·광고)　**시행령** 제17조의2

③ 개업공인중개사가 아닌 자는 중개대상물에 대한 표시·광고를 하여서는 아니 된다.　› 1-1

④ 개업공인중개사는 중개대상물에 대하여 다음 각 호의 어느 하나에 해당하는 부당한 표시·광고를 하여서는 아니 된다.

　› 등록관청이 개업공인중개사에게 500만원 이하 과태료를 부과한다.

1. 중개대상물이 **존재**하지 않아서 실제로 거래를 할 수 없는 중개대상물에 대한 표시·광고

2. 중개대상물이 **존재**하지만 실제로 중개의 대상이 될 수 없는 중개대상물에 대한 표시·광고

3. 중개대상물이 **존재**하지만 실제로 중개할 의사가 없는 중개대상물에 대한 표시·광고

4. 중개대상물의 입지조건, 생활여건, 가격 및 거래조건 등 중개대상물 선택에 중요한 영향을 미칠 수 있는 사실을 **빠**뜨리거나 은폐·축소하는 등의 방법으로 소비자를 속이는 표시·광고

5. 중개대상물의 가격 등 내용을 사실과 **다**르게 거짓으로 표시·광고하거나 사실을 **과장**되게 하는 표시·광고

⑤ 부당한 표시·광고의 세부적인 유형 및 기준 등에 관한 사항은 국토교통부장관이 정하여 고시한다.

법 률 제18조의2(중개대상물의 표시 · 광고) **시행령** 제17조의2

③ 개업공인중개사가 아닌 자는 중개대상물에 대한 표시 · 광고를 하여서는 아니 된다. ▸ 1-1

④ 개업공인중개사는 중개대상물에 대하여 다음 각 호의 어느 하나에 해당하는 <u>부당한 표시 · 광고</u>를 하여서는 아니 된다.

   ▸ [   ]이 개업공인중개사에게 [   ]만원 이하 과태료를 부과한다.

1. 중개대상물이 [   ]하지 않아서 실제로 거래를 할 수 없는 중개대상물에 대한 표시 · 광고

2. 중개대상물이 [   ]하지만 실제로 중개의 대상이 될 수 없는 중개대상물에 대한 표시 · 광고

3. 중개대상물이 [   ]하지만 실제로 중개할 의사가 없는 중개대상물에 대한 표시 · 광고

4. 중개대상물의 입지조건, 생활여건, 가격 및 거래조건 등 중개대상물 선택에 중요한 영향을 미칠 수 있는 사실을 [   ] <u>은폐 · 축소하는 등의 방법으로 소비자를 속이는 표시 · 광고</u>

5. 중개대상물의 <u>가격 등 내용을 사실과 [   ] 거짓으로 표시 · 광고하거나 사실을 [   ]되게 하는 표시 · 광고</u>

⑤ <u>부당한 표시 · 광고의 세부적인 유형 및 기준</u> 등에 관한 사항은 [   ] 이 정하여 고시한다.

테마 11 　 인터넷 표시 · 광고 모니터링

법 률 　 제18조의3(인터넷 표시 · 광고 모니터링)

① 국토교통부장관은 인터넷을 이용한 중개대상물에 대한 표시 · 광고가 부당한 표시 · 광고 금지규정을 준수하는지 여부를 모니터링 할 수 있다.

② 국토교통부장관은 모니터링을 위하여 필요한 때에는 정보통신서비스 제공자에게 관련 자료의 제출을 요구할 수 있다. 이 경우 관련 자료의 제출을 요구받은 정보통신서비스 제공자는 정당한 사유가 없으면 이에 따라야 한다.

‣ 500만원 이하 과태료

③ 국토교통부장관은 모니터링 결과에 따라 정보통신서비스 제공자에게 이 법 위반이 의심되는 표시 · 광고에 대한 확인 또는 추가정보의 게재 등 필요한 조치를 요구할 수 있다. 이 경우 필요한 조치를 요구받은 정보통신서비스 제공자는 정당한 사유가 없으면 이에 따라야 한다.

‣ 500만원 이하 과태료

시행령 　 제17조의3(인터넷 표시 · 광고 모니터링 업무의 위탁)

① 국토교통부장관은 법 제18조의3제4항에 따라 다음 각 호의 어느 하나에 해당하는 기관에 같은 조 제1항에 따른 모니터링 업무를 위탁할 수 있다.

　1. 「공공기관의 운영에 관한 법률」에 따른 공공기관

　2. 「정부출연연구기관 등의 설립 · 운영 및 육성에 관한 법률」에 따른 정부출연연구기관

　3. 「민법」에 따라 설립된 비영리법인으로서 인터넷 표시 · 광고 모니터링 또는 인터넷 광고 시장 감시와 관련된 업무를 수행하는 법인

　4. 그 밖에 인터넷 표시 · 광고 모니터링 업무 수행에 필요한 전문인력과 전담조직을 갖췄다고 국토교통부장관이 인정하는 기관 또는 단체

② 국토교통부장관은 업무를 위탁하는 경우에는 위탁받는 기관 및 위탁업무의 내용을 고시해야 한다.

③ 국토교통부장관은 업무위탁기관에 예산의 범위에서 위탁업무 수행에 필요한 예산을 지원할 수 있다.

법 률 제18조의3(인터넷 표시 · 광고 모니터링)

① [_____]은 인터넷을 이용한 중개대상물에 대한 표시 · 광고가 부당한 표시· 광고 금지규정을 준수하는지 여부를 <u>모니터링</u> 할 수 있다.

② 국토교통부장관은 모니터링을 위하여 필요한 때에는 정보통신서비스 제공자에게 관련 자료의 제출을 요구할 수 있다. 이 경우 관련 자료의 제출을 요구받은 정보통신서비스 제공자는 정당한 사유가 없으면 이에 따라야 한다.
  ▸ [　　]만원 이하 과태료

③ 국토교통부장관은 모니터링 결과에 따라 정보통신서비스 제공자에게 이 법 위반이 의심되는 표시 · 광고에 대한 확인 또는 추가정보의 게재 등 필요한 조치를 요구할 수 있다. 이 경우 필요한 조치를 요구받은 정보통신서비스 제공자는 정당한 사유가 없으면 이에 따라야 한다.
  ▸ [　　]만원 이하 과태료

시행령 제17조의3(인터넷 표시 · 광고 모니터링 업무의 위탁)

① 국토교통부장관은 법 제18조의3제4항에 따라 다음 각 호의 어느 하나에 해당하는 기관에 같은 조 제1항에 따른 모니터링 업무를 위탁할 수 있다.

  1. 「공공기관의 운영에 관한 법률」에 따른 [　　]기관

  2. 「정부출연연구기관 등의 설립 · 운영 및 육성에 관한 법률」에 따른 [　　　　] 연구기관

  3. 「　　」 에 따라 설립된 [　　　]법인으로서 인터넷 표시 · 광고 모니터링 또는 인터넷 광고 시장 감시와 관련된 업무를 수행하는 법인

  4. 그 밖에 인터넷 표시 · 광고 모니터링 업무 수행에 필요한 전문인력과 전담 조직을 갖췄다고 [　　　　　　]이 인정하는 기관 또는 단체

② 국토교통부장관은 업무를 위탁하는 경우에는 위탁받는 기관 및 위탁업무의 내용을 [　　]해야 한다.

③ 국토교통부장관은 업무위탁기관에 예산의 범위에서 위탁업무 수행에 필요한 [　　]을 지원할 수 있다.

시행규칙 제10조의3(인터넷 표시·광고 모니터링)

① 모니터링 업무는 다음 각 호의 구분에 따라 수행한다.

1. 기본 모니터링 : 모니터링 기본계획서에 따라 분기별로 실시하는 모니터링

2. 수시 모니터링 : 부당한 표시·광고를 위반한 사실이 의심되는 경우 등 국토교통부장관이 필요하다고 판단하여 실시하는 모니터링

② 모니터링 업무 수탁기관(이하 "모니터링 기관"이라 한다)은 모니터링 업무를 수행하려면 다음 각 호의 구분에 따라 계획서를 국토교통부장관에게 제출해야 한다.

1. 기본 모니터링 업무 : 다음 연도의 모니터링 기본계획서를 매년 12월 31일까지 제출할 것

2. 수시 모니터링 업무 : 모니터링의 기간, 내용 및 방법 등을 포함한 계획서를 제출할 것

③ 모니터링 기관은 모니터링 업무를 수행하면 해당 업무에 따른 결과보고서를 다음 각 호의 구분에 따른 기한까지 국토교통부장관에게 제출해야 한다.

1. 기본 모니터링 업무 : 매 분기의 마지막 날부터 30일 이내
2. 수시 모니터링 업무 : 해당 모니터링 업무를 완료한 날부터 15일 이내

④ 국토교통부장관은 제3항에 따라 제출받은 결과보고서를 시·도지사 및 등록관청 등에 통보하고 필요한 조사 및 조치를 요구할 수 있다.

⑤ 시·도지사 및 등록관청 등은 요구를 받으면 신속하게 조사 및 조치를 완료하고, 완료한 날부터 10일 이내에 그 결과를 국토교통부장관에게 통보해야 한다.

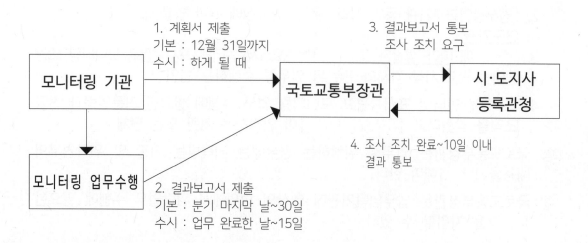

① 모니터링 업무는 다음 각 호의 구분에 따라 수행한다.

  1. [   ] 모니터링 : 모니터링 기본계획서에 따라 분기별로 실시하는 모니터링

  2. [   ] 모니터링 : 부당한 표시·광고를 위반한 사실이 의심되는 경우 등 국토교통부장관이 필요하다고 판단하여 실시하는 모니터링

② 모니터링 업무 수탁기관(이하 "모니터링 기관"이라 한다)은 모니터링 업무를 수행하려면 다음 각 호의 구분에 따라 계획서를 [   ]에게 제출해야 한다.

  1. 기본 모니터링 업무 : 다음 연도의 모니터링 기본계획서를 매년 [ ]월 31일까지 제출할 것

  2. 수시 모니터링 업무 : 모니터링의 기간, 내용 및 방법 등을 포함한 계획서를 제출할 것

③ 모니터링 기관은 모니터링 업무를 수행하면 해당 업무에 따른 결과보고서를 다음 각 호의 구분에 따른 기한까지 [   ]에게 제출해야 한다.

  1. 기본 모니터링 업무 : 매 분기의 마지막 날부터 [ ]일 이내

  2. 수시 모니터링 업무 : 해당 모니터링 업무를 완료한 날부터 [ ]일 이내

④ 국토교통부장관은 제3항에 따라 제출받은 결과보고서를 [   ] 및 등록관청 등에 통보하고 필요한 조사 및 조치를 요구할 수 있다.

⑤ 시·도지사 및 등록관청 등은 요구를 받으면 신속하게 조사 및 조치를 완료하고, 완료한 날부터 [ ]일 이내에 그 결과를 국토교통부장관에게 통보해야 한다.

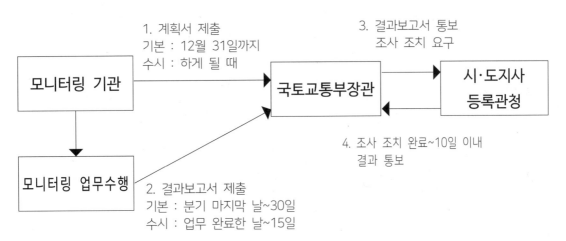

법률 제20조(중개사무소의 이전신고)

① 개업공인중개사는 중개사무소를 이전한 때에는 <u>이전한 날부터 10일 이내에</u> 국토교통부령으로 정하는 바에 따라 등록관청에 이전사실을 신고하여야 한다. 다만, 중개사무소를 등록관청의 관할 지역 외의 지역으로 이전한 경우에는 <u>이전 후의 등록관청</u>에 신고하여야 한다.

시행규칙 제11조(중개사무소의 이전신고)

① 중개사무소의 이전신고를 하고자 하는 자는 중개사무소이전신고서에 다음 각 호의 서류를 첨부하여 등록관청에 제출하여야 한다.

1. <u>중개사무소등록증</u>

2. 건축물대장에 기재된 건물에 중개사무소를 확보하였음을 증명하는 서류. 다만, 건축물대장에 기재되지 아니한 건물에 중개사무소를 확보하였을 경우에는 건축물대장 기재가 지연되는 사유를 적은 서류도 함께 내야 한다.

② 중개사무소의 이전신고를 받은 등록관청은 그 내용이 적합한 경우에는 중개사무소등록증을 재교부하여야 한다. 다만, 등록관청의 <u>관할지역 내로 이전한 경우에는 등록관청은 중개사무소등록증에 변경사항을 적어 교부할 수 있다.</u>

법률 제20조(중개사무소의 이전신고)

② 관할 지역 외의 지역으로 이전하는 신고를 받은 이전후 등록관청은 종전의 등록관청에 관련 서류를 송부하여 줄 것을 요청하여야 한다. 이 경우 종전의 등록관청은 지체 없이 관련 서류를 이전후 등록관청에 송부하여야 한다.

시행규칙 제11조(중개사무소의 이전신고 등)

④ 송부하여야 하는 서류는 다음 각 호와 같다.
  1. 이전신고를 한 중개사무소의 부동산중개사무소등록대장
  2. 부동산중개사무소 개설등록 신청서류
  3. 최근 1년간의 행정처분 및 행정처분절차가 진행 중인 경우 그 관련서류

③ 이전신고 전에 발생한 사유로 인한 개업공인중개사에 대한 행정처분은 <u>이전 후 등록관청</u>이 이를 행한다.

법 률 제20조(중개사무소의 이전신고)

① 개업공인중개사는 중개사무소를 이전한 때에는 이전한 날부터 [   ]일 이내에 국토교통부령으로 정하는 바에 따라 등록관청에 이전사실을 신고하여야 한다. 다만, 중개사무소를 등록관청의 관할 지역 외의 지역으로 이전한 경우에는 이전 [   ]의 등록관청에 신고하여야 한다.

시행규칙 제11조(중개사무소의 이전신고)

① 중개사무소의 이전신고를 하고자 하는 자는 중개사무소이전신고서에 다음 각 호의 서류를 첨부하여 등록관청에 제출하여야 한다.

  1. [   ]

  2. 건축물대장에 기재된 건물에 중개사무소를 확보하였음을 증명하는 서류. 다만, 건축물대장에 기재되지 아니한 건물에 중개사무소를 확보하였을 경우에는 건축물대장 기재가 지연되는 사유를 적은 서류도 함께 내야 한다.

② 중개사무소의 이전신고를 받은 등록관청은 그 내용이 적합한 경우에는 중개사무소등록증을 [   ]하여야 한다. 다만, 등록관청의 관할지역 [   ] 이전한 경우에는 등록관청은 중개사무소등록증에 변경사항을 적어 교부할 수 있다.

법 률 제20조(중개사무소의 이전신고)

② 관할 지역 외의 지역으로 이전하는 신고를 받은 이전후 등록관청은 종전의 등록관청에 관련 서류를 송부하여 줄 것을 요청하여야 한다. 이 경우 종전의 등록관청은 [   ] 관련 서류를 이전후 등록관청에 송부하여야 한다.

시행규칙 제11조(중개사무소의 이전신고 등)

④ 송부하여야 하는 서류는 다음 각 호와 같다.
  1. 이전신고를 한 중개사무소의 부동산중개사무소[   ]
  2. 부동산중개사무소 [   ] 신청서류
  3. 최근 [   ]년간의 행정처분 및 행정처분절차가 진행 중인 경우 그 관련서류

③ 이전신고 전에 발생한 사유로 인한 개업공인중개사에 대한 행정처분은 이전 [   ] 등록관청이 이를 행한다.

제11조(분사무소의 이전신고)

① 분사무소의 이전신고를 하고자 하는 자는 이전신고서에 다음의 서류를 첨부하여 주된 사무소의 소재지를 관할하는 등록관청에 제출하여야 한다.

  1. 분사무소설치신고확인서

  2. 건축물대장에 기재된 건물에 분사무소를 확보하였음을 증명하는 서류.

② 분사무소의 이전신고를 받은 등록관청은 그 내용이 적합한 경우에는 분사무소설치신고확인서를 재교부하여야 한다. 다만, 관할지역 내로 이전한 경우에는 등록관청은 분사무소설치신고확인서에 변경사항을 적어 교부할 수 있다.

③ 등록관청은 분사무소의 이전신고를 받은 때에는 지체 없이 그 분사무소의 이전 전 및 이전 후의 소재지를 관할하는 시장·군수 또는 구청장에게 이를 통보하여야 한다.

테마 13 개업공인중개사의 겸업제한

법률 **제14조(개업공인중개사의 겸업제한 등)**

① 법인인 개업공인중개사는 다른 법률에 규정된 경우를 제외하고는 중개업 및 다음에 규정된 업무 외에 다른 업무를 함께 할 수 없다.

  1. 상업용 건축물 및 주택의 임대관리 등 부동산의 관리대행

  2. 부동산의 이용·개발 및 거래에 관한 상담

  3. 도배·이사업체의 소개 등 주거이전에 부수되는 용역의 알선

  4. 개업공인중개사를 대상으로 한 중개업의 경영기법 및 경영정보의 제공

  5. 상업용 건축물 및 주택의 분양대행

② 개업공인중개사는 「민사집행법」에 의한 경매 및 「국세징수법」 그 밖의 법령에 의한 공매대상 부동산에 대한 권리분석 및 취득의 알선과 매수신청 또는 입찰신청의 대리를 할 수 있다.

③ 개업공인중개사가 「민사집행법」에 의한 경매대상 부동산의 매수신청 또는 입찰신청의 대리를 하고자 하는 때에는 대법원규칙으로 정하는 요건을 갖추어 법원에 등록을 하고 그 감독을 받아야 한다.

제11조(분사무소의 이전신고)

① 분사무소의 이전신고를 하고자 하는 자는 이전신고서에 다음의 서류를 첨부
하여 [   ] 사무소의 소재지를 관할하는 등록관청에 제출하여야 한다.

  1. [   ]

  2. 건축물대장에 기재된 건물에 [   ]를 확보하였음을 증명하는 서류.

② 분사무소의 이전신고를 받은 등록관청은 그 내용이 적합한 경우에는 분사무소
설치신고확인서를 재교부하여야 한다. 다만, 관할지역 [   ] 이전한 경우에는
등록관청은 분사무소설치신고확인서에 변경사항을 적어 교부할 수 있다.

③ 등록관청은 분사무소의 이전신고를 받은 때에는 [   ] 그 분사무소의
이전 전 [ ] 이전 후의 소재지를 관할하는 시장·군수 또는 구청장에게 이를
통보하여야 한다.

테마 13 ▶ 개업공인중개사의 겸업제한

법 률 **제14조(개업공인중개사의 겸업제한 등)**

① [   ]인 개업공인중개사는 다른 법률에 규정된 경우를 제외하고는 중개업 및
다음에 규정된 업무 외에 다른 업무를 함께 할 수 없다.

  1. 상업용 건축물 및 주택의 [   ] 등 부동산의 [   ]

  2. 부동산의 이용·[   ] 및 거래에 관한 [   ]

  5. 도배·이사업체의 [   ] 등 주거이전에 부수되는 용역의 [   ]

  3. [   ]를 대상으로 한 중개업의 경영기법 및 경영정보의 [   ]

  4. [   ] 및 [   ]의 분양대행

② 개업공인중개사는 「민사집행법」에 의한 경매 및 「국세징수법」 그 밖의 법령에
의한 공매대상 [   ]에 대한 권리분석 및 취득의 알선과 매수신청 또는
입찰신청의 대리를 할 수 있다.

③ 개업공인중개사가 「민사집행법」에 의한 [   ]대상 부동산의 [   ] 또는
[   ]의 대리를 하고자 하는 때에는 [   ]으로 정하는 요건을 갖추어
[   ]에 등록을 하고 그 감독을 받아야 한다.

법률 제15조(개업공인중개사의 고용인의 신고 등)

② 소속공인중개사 또는 중개보조원의 업무상 행위는 그를 고용한 개업공인중개사의 행위로 본다.

③ [신설] 개업공인중개사가 고용할 수 있는 중개보조원의 수는 개업공인중개사와 소속공인중개사를 합한 수의 5배를 초과하여서는 아니 된다. ‣ 절대적 등록 취소 & 1-1

④ [신설] 중개보조원은 현장안내 등 중개업무를 보조하는 경우 중개의뢰인에게 본인이 중개보조원이라는 사실을 미리 알려야 한다. ‣ 등록관청 - 500만원 이하 과태료 : 미리 알리지 아니한 중개보조원 및 개업공인중개사. 다만, 개업공인중개사가 그 위반행위를 방지하기 위하여 해당 업무에 관하여 상당한 주의와 감독을 게을리하지 아니한 경우는 과태료를 부과하지 않는다.

시행규칙 제8조(개업공인중개사의 고용인의 신고)

① 개업공인중개사는 소속공인중개사 또는 중개보조원을 고용한 경우에는 실무교육 또는 직무교육을 받도록 한 후 업무개시 전까지 등록관청에 신고(전자문서에 의한 신고를 포함한다)하여야 한다.

② 소속공인중개사의 고용 신고를 받은 등록관청은 공인중개사 자격증을 발급한 시·도지사에게 그 소속공인중개사의 공인중개사 자격 확인을 요청하여야 한다.

③ 고용 신고를 받은 등록관청은 결격사유 해당 여부와 실무교육 또는 직무교육 수료 여부를 확인하여야 한다.

④ 개업공인중개사는 소속공인중개사 또는 중개보조원과의 고용관계가 종료된 때에는 고용관계가 종료된 날부터 10일 이내에 등록관청에 신고하여야 한다.

법률 제50조(양벌규정)

소속공인중개사·중개보조원 또는 개업공인중개사인 법인의 사원·임원이 중개업무에 관하여 제48조(3년 이하 징역 또는 3천만원 이하 벌금) 또는 제49조(1년 이하 징역 또는 1천만원 이하 벌금)의 규정에 해당하는 위반행위를 한 때에는 그 행위자를 벌하는 외에 그 개업공인중개사에 대하여도 해당 조에 규정된 벌금형을 과한다. 다만, 그 개업공인중개사가 그 위반행위를 방지하기 위하여 해당 업무에 관하여 상당한 주의와 감독을 게을리하지 아니한 경우에는 벌금형을 받지 않는다.

법 률 __제15조(개업공인중개사의 고용인의 신고 등)__

② 소속공인중개사 또는 중개보조원의 [   ] 행위는 그를 고용한 개업공인중개사의 행위로 [   ].

③ [신설] 개업공인중개사가 고용할 수 있는 중개보조원의 수는 개업공인중개사와 소속공인중개사를 합한 수의 [ ]배를 초과하여서는 아니 된다. ▸절대적 등록취소 & 1-1

④ [신설] 중개보조원은 현장안내 등 중개업무를 보조하는 경우 중개의뢰인에게 본인이 중개보조원이라는 사실을 미리 알려야 한다. ▸등록관청 - [   ]만원 이하 과태료 : 미리 알리지 아니한 중개보조원 및 개업공인중개사. 다만, 개업공인중개사가 그 위반행위를 방지하기 위하여 해당 업무에 관하여 상당한 주의와 감독을 게을리하지 아니한 경우는 과태료를 부과하지 않는다.

시행규칙 __제8조(개업공인중개사의 고용인의 신고)__

① 개업공인중개사는 소속공인중개사 또는 중개보조원을 <u>고용한 경우에는</u> 실무교육 또는 직무교육을 받도록 한 후 [   ] 전까지 등록관청에 신고([   ]에 의한 신고를 포함한다)하여야 한다.

② 소속공인중개사의 고용 신고를 받은 등록관청은 공인중개사 자격증을 발급한 [   ]에게 그 소속공인중개사의 공인중개사 자격 확인을 요청하여야 한다.

③ 고용 신고를 받은 등록관청은 결격사유 해당 여부와 [   ]교육 또는 [   ]교육 <u>수료 여부를 확인</u>하여야 한다.

④ 개업공인중개사는 소속공인중개사 또는 중개보조원과의 고용관계가 종료된 때에는 고용관계가 <u>종료된 날부터 [   ]일 이내에</u> 등록관청에 신고하여야 한다.

법 률 __제50조(양벌규정)__

소속공인중개사 · 중개보조원 또는 개업공인중개사인 법인의 사원 · 임원이 중개업무에 관하여 제48조(3년 이하 징역 또는 3천만원 이하 벌금) 또는 제49조(1년 이하 징역 또는 1천만원 이하 벌금)의 규정에 해당하는 위반행위를 한 때에는 그 행위자를 벌하는 외에 그 <u>개업공인중개사에 대하여도 해당 조에 규정된</u> [   ]형을 과한다. 다만, 그 개업공인중개사가 그 <u>위반행위를 방지하기 위하여</u> <u>해당 업무에 관하여 상당한 [   ]와 [   ]을 게을리하지 아니한 경우에는 [   ]형을</u> <u>받지 않는다.</u>

법 률 　제16조(인장의 등록)

① 개업공인중개사 및 소속공인중개사는 국토교통부령으로 정하는 바에 따라 중개 행위에 사용할 인장을 등록관청에 등록하여야 한다. 등록한 인장을 변경한 경우에도 또한 같다.

② 개업공인중개사 및 소속공인중개사는 중개행위를 하는 경우 등록한 인장을 사용하여야 한다.

‣ 인장등록을 하지 않거나, 변경등록을 하지 않은 경우 또는 등록하지 않은 인장을 사용한 경우 : 개공 – 순수 업무정지, 소공 – 자격정지

시행규칙 　제9조(인장등록 등)

① 개업공인중개사 및 소속공인중개사는 <u>업무를 개시하기 전에</u> 중개행위에 사용할 인장을 등록관청에 등록(<u>전자문서에 의한 등록을 포함한다</u>)하여야 한다.

② 등록한 인장을 변경한 경우에는 개업공인중개사 및 소속공인중개사는 <u>변경일 부터 7일 이내에</u> 그 변경된 인장을 등록관청에 등록(<u>전자문서에 의한 등록을 포함한다</u>)하여야 한다.

③ 개업공인중개사 및 소속공인중개사가 등록하여야 할 인장은 공인중개사인 개업공인중개사, 부칙 제6조제2항에 규정된 개업공인중개사 및 소속공인중개사의 경우에는 가족관계등록부 또는 주민등록표에 기재되어 있는 성명이 나타난 인장으로서 그 크기가 가로·세로 각각 <u>7밀리미터 이상 30밀리미터 이내인</u> 인장이어야 하며, 법인인 개업공인중개사의 경우에는 「상업등기규칙」에 따라 신고한 <u>법인의 인장이어야</u> 한다. 다만, 분사무소에서 사용할 인장의 경우에는 「상업등기규칙」에 따라 <u>법인의 대표자가 보증하는 인장을 등록할 수 있다.</u>

④ 법인인 개업공인중개사의 인장 등록은 「상업등기규칙」에 따른 <u>인감증명서의 제출로 갈음한다.</u>

⑥ 인장의 등록은 다음 각 호의 신청이나 신고와 <u>같이 할 수 있다.</u>

　1. 중개사무소 개설<u>등록신청</u>

　2. 소속공인중개사에 대한 <u>고용신고</u>

법률 제16조(인장의 등록)

① 개업공인중개사 및 [   ]는 국토교통부령으로 정하는 바에 따라 중개행위에 사용할 인장을 등록관청에 등록하여야 한다. 등록한 인장을 변경한 경우에도 또한 같다.

② 개업공인중개사 및 소속공인중개사는 중개행위를 하는 경우 등록한 인장을 사용하여야 한다.

▸ 인장등록을 하지 않거나, 변경등록을 하지 않은 경우 또는 등록하지 않은 인장을 사용한 경우 : 개공 – 순수 [   ], 소공 : [   ]

시행규칙 제9조(인장등록 등)

① 개업공인중개사 및 소속공인중개사는 [   ]하기 전에 중개행위에 사용할 인장을 등록관청에 등록([   ]에 의한 등록을 포함한다)하여야 한다.

② 등록한 인장을 변경한 경우에는 개업공인중개사 및 소속공인중개사는 변경일부터 [ ]일 이내에 그 변경된 인장을 등록관청에 등록([   ]에 의한 등록을 포함한다)하여야 한다.

③ 개업공인중개사 및 소속공인중개사가 등록하여야 할 인장은 공인중개사인 개업공인중개사, 부칙 제6조제2항에 규정된 개업공인중개사 및 소속공인중개사의 경우에는 가족관계등록부 또는 주민등록표에 기재되어 있는 성명이 나타난 인장으로서 그 크기가 가로·세로 각각 [ ]밀리미터 이상 [ ]밀리미터 이내인 인장이어야 하며, 법인인 개업공인중개사의 경우에는 「상업등기규칙」에 따라 신고한 [ ]의 인장이어야 한다. 다만, 분사무소에서 사용할 인장의 경우에는 「상업등기규칙」에 따라 법인의 [   ]하는 인장을 등록[   ].

④ [   ]인 개업공인중개사의 인장 등록은 「상업등기규칙」에 따른 인감증명서의 제출로 [   ].

⑥ 인장의 등록은 다음 각 호의 신청이나 신고와 같이 [   ].

1. 중개사무소 개설[   ]

2. 소속공인중개사에 대한 [   ]

테마 16 ▷ 휴업 또는 폐업의 신고

법 률 제21조(휴업 또는 폐업의 신고)

① 개업공인중개사는 다음의 어느 하나에 해당하는 경우에는 국토교통부령으로 정하는 신고서에 <u>중개사무소등록증을 첨부</u>(휴업 및 폐업의 경우만 해당한다)하여 등록관청에 미리 신고해야 한다. 휴업한 중개업의 재개 및 휴업기간 변경을 신고하는 경우에는 전자문서에 의한 신고를 포함한다.

　1. 3개월을 초과하여 휴업하려는 경우
　2. 폐업하려는 경우
　3. 휴업한 부동산중개업을 재개하려는 경우
　4. 신고한 휴업기간을 변경하려는 경우

② 제1항에 따른 휴업은 <u>6개월을 초과할 수 없다.</u> 다만, 질병으로 인한 요양등 대통령령으로 정하는 부득이한 사유가 있는 경우에는 그러하지 아니하다.

시행령 제18조(휴업 또는 폐업의 신고 등)

⑥ 대통령령으로 정하는 부득이한 사유

　1. 질병으로 인한 요양
　2. 징집으로 인한 입영
　3. 취학
　4. 임신 또는 출산
　5. 그 밖에 위에 준하는 부득이한 사유로서 국토교통부장관이 정하여 고시하는 사유

시행령 제18조(휴업 또는 폐업의 신고 등)

② 법인인 개업공인중개사는 분사무소를 둔 경우에는 제1항에 따른 신고를 분사무소별로 할 수 있다. 이 경우 분사무소설치신고확인서를 첨부(휴업 및 폐업의 경우만 해당한다)해야 한다.

⑤ 중개사무소재개신고를 받은 등록관청은 반납받은 중개사무소등록증 또는 신고확인서를 즉시 반환해야 한다.

휴업 또는 폐업의 신고

법 률 제21조(휴업 또는 폐업의 신고)

① 개업공인중개사는 다음의 어느 하나에 해당하는 경우에는 국토교통부령으로 정하는 신고서에 중개사무소등록증을 첨부([   ] 및 [   ]의 경우만 해당한다)하여 등록관청에 미리 신고해야 한다. 휴업한 중개업의 재개 및 휴업기간 변경을 신고하는 경우에는 [   ]에 의한 신고를 포함한다.

　1. [   ]개월을 초과하여 휴업하려는 경우
　2. 폐업하려는 경우
　3. 휴업한 부동산중개업을 재개하려는 경우
　4. 신고한 휴업기간을 변경하려는 경우

② 제1항에 따른 휴업은 [   ]개월을 초과할 수 없다. 다만, 질병으로 인한 요양등 대통령령으로 정하는 부득이한 사유가 있는 경우에는 그러하지 아니하다.

시행령 제18조(휴업 또는 폐업의 신고 등)

⑥ 대통령령으로 정하는 부득이한 사유

　1. 질병으로 인한 요양
　2. 징집으로 인한 입영
　3. [   ]
　4. [   ] 또는 [   ]
　5. 그 밖에 위에 준하는 부득이한 사유로서 [   ]이 정하여 고시하는 사유

시행령 제18조(휴업 또는 폐업의 신고 등)

② 법인인 개업공인중개사는 분사무소를 둔 경우에는 제1항에 따른 신고를 [   ]별로 할 수 있다. 이 경우 [   ]를 첨부(휴업 및 폐업의 경우만 해당한다)해야 한다.

⑤ 중개사무소재개신고를 받은 등록관청은 반납받은 중개사무소등록증 또는 신고확인서를 [   ] 반환해야 한다.

법 률 **제22조(일반중개계약)** 중개의뢰인은 중개의뢰내용을 명확하게 하기 위하여 필요한 경우에는 개업공인중개사에게 <u>다음 각 호의 사항을 기재한 일반중개계약서의 작성을 요청할 수 있다</u>.

　1. 중개대상물의 **위**치 및 규모

　2. 거래예정**가**격

　3. 거래예정가격에 대하여 정한 중개보**수**

　4. 그 밖에 개업공인중개사와 중개의뢰인이 **준**수하여야 할 사항

시행령 **제19조(일반중개계약)** 국토교통부장관은 법 제22조의 규정에 따른 일반중개계약의 표준이 되는 서식을 정하여 그 사용을 권장할 수 있다.

시행규칙 **제13조(일반중개계약서의 서식)** 영 제19조의 규정에 따른 일반중개계약서는 별지 제14호서식에 따른다.

　※ 법령에 표준서식이 있으나 이를 사용할 의무는 없다.

법 률 **제22조(일반중개계약)** 중개의뢰인은 중개의뢰내용을 명확하게 하기 위하여 필요한 경우에는 개업공인중개사에게 <u>다음 각 호의 사항을 기재한 일반중개 계약서의 작성을 [   ]할 수 있다.</u>

1. 중개대상물의 [   ] 및 [   ]

2. 거래[   ]

3. 거래예정가격에 대하여 정한 [   ]

4. 그 밖에 개업공인중개사와 중개의뢰인이 [   ]하여야 할 사항

시행령 **제19조(일반중개계약)** [   ]은 법 제22조의 규정에 따른 일반 중개계약의 표준이 되는 서식을 정하여 그 사용을 권장할 수 있다.

시행규칙 **제13조(일반중개계약서의 서식)** 영 제19조의 규정에 따른 일반중개계 약서는 별지 제14호서식에 따른다.

※ 법령에 표준서식이 있으나 이를 사용할 의무는 [   ].

법 률   **제23조(전속중개계약)**

① 중개의뢰인은 중개대상물의 중개를 의뢰하는 경우 특정한 개업공인중개사를 정하여 그 개업공인중개사에 한정하여 해당 중개대상물을 중개하도록 하는 계약(이하 "전속중개계약"이라 한다)을 체결할 수 있다.

② 전속중개계약은 국토교통부령으로 정하는 계약서에 의하여야 하며, 개업공인중개사는 전속중개계약을 체결한 때에는 해당 계약서를 3년 동안 보존하여야 한다. ‣ 위반시 순수 업무정지

③ 개업공인중개사는 전속중개계약을 체결한 때에는 부동산거래정보망 또는 일간신문에 해당 중개대상물에 관한 정보를 공개하여야 한다. 다만, 중개의뢰인이 비공개를 요청한 경우에는 이를 공개하여서는 아니된다.

    ‣ 공개하지 않거나 비공개 요청에도 공개한 경우 : 임의적 등록취소

시행령   **제20조(전속중개계약)**

① 법 제23조제1항의 규정에 따른 전속중개계약의 유효기간은 3개월로 한다. 다만, 당사자간에 다른 약정이 있는 경우에는 그 약정에 따른다.

② 개업공인중개사가 공개하여야 할 중개대상물에 관한 정보의 내용은 다음과 같다.

   1. 중개대상물의 종류, 소재지, 지목 및 면적, 건축물의 용도·구조 및 건축연도 등 중개대상물을 **특정**하기 위하여 필요한 사항

   2. 소유권·전세권·저당권·지상권 및 임차권 등 중개대상물의 **권리**관계에 관한 사항. 다만, 각 권리자의 주소·성명 등 인적 사항에 관한 정보는 공개하여서는 아니 된다.

   3. **공법**상의 이용제한 및 거래규제에 관한 사항

   4. 수도·전기·가스·소방·열공급·승강기 설비, 오수·폐수·쓰레기 처리시설 등의 **상태**

   5. 벽면 및 도배의 **상태**

   6. 일조(日照)·소음·진동 등 **환경**조건

   7. 도로 및 대중교통수단과의 연계성, 시장·학교와의 근접성, 지형 등 **입지**조건

   8. 중개대상물의 **거래예정금액**

   9. **공시지가**. 다만, 임대차의 경우에는 공시지가를 공개하지 아니할 수 있다.

법 률   제23조(전속중개계약)

① 중개의뢰인은 중개대상물의 중개를 의뢰하는 경우 특정한 개업공인중개사를 정하여 그 개업공인중개사에 한정하여 해당 중개대상물을 중개하도록 하는 계약(이하 "전속중개계약"이라 한다)을 체결할 수 있다.

② 전속중개계약은 [   ]으로 정하는 계약서에 의하여야 하며, 개업공인중개사는 전속중개계약을 체결한 때에는 해당 계약서를 [   ]년 동안 보존하여야 한다.   ‣ 위반시 순수 [   ]

③ 개업공인중개사는 전속중개계약을 체결한 때에는 [   ] 또는 일간 신문에 해당 중개대상물에 관한 정보를 공개하여야 한다. 다만, 중개의뢰인이 비공개를 요청한 경우에는 이를 공개하여서는 아니된다.

    ‣ 공개하지 않거나 비공개 요청에도 공개한 경우 : [   ] 등록취소

시행령   제20조(전속중개계약)

① 법 제23조제1항의 규정에 따른 전속중개계약의 유효기간은 [   ]개월로 한다. 다만, 당사자간에 다른 약정이 있는 경우에는 그 약정에 따른다.

② 개업공인중개사가 공개하여야 할 중개대상물에 관한 정보의 내용은 다음과 같다.

1. 중개대상물의 종류, 소재지, 지목 및 면적, 건축물의 용도 · 구조 및 건축연도 등 중개대상물을 [   ]하기 위하여 필요한 사항
2. 소유권 · 전세권 · 저당권 · 지상권 및 임차권 등 중개대상물의 [   ]관계에 관한 사항. 다만, 각 권리자의 주소 · 성명 등 [   ]에 관한 정보는 공개하여서는 아니 된다.
3. [   ]상의 이용제한 및 거래규제에 관한 사항
4. 수도 · 전기 · 가스 · 소방 · 열공급 · 승강기 설비, 오수 · 폐수 · 쓰레기 처리시설 등의 **상태**
5. 벽면 및 도배의 **상태**
6. 일조(日照) · 소음 · 진동 등 [   ]조건
7. 도로 및 대중교통수단과의 연계성, 시장 · 학교와의 근접성, 지형 등 [   ]조건
8. 중개대상물의 [   ]
9. **공시지가.** 다만, [   ]의 경우에는 공시지가를 공개하지 아니할 수 있다.

일 반 중 개 계 약 서

[　] 매도 [　] 매수 [　] 임대 [　] 임차 [　] 그 밖의 계약(　　　　)

1. 개업공인중개사의 의무사항

중개대상물의 거래가 조속히 이루어지도록 성실히 노력해야 한다.

2. 중개의뢰인의 권리 · 의무 사항

① 의뢰인은 이 계약에도 불구하고 중개대상물의 거래에 관한 중개를 다른 개업공인중개사에게도 의뢰할 수 있다.

② 의뢰인은 개공이 중개대상물 확인 · 설명의무를 이행하는데 협조해야 한다.

3. 유효기간

이 계약의 유효기간은　　　　　년　　　월　　　일까지로 한다.

※ 3개월을 원칙으로 하되, 합의하여 별도로 정한 경우 그 기간에 따른다.

4. 중개보수

중개대상물에 대한 거래계약이 성립한 경우 의뢰인은 거래가액의　　% (또는　　원)을 중개 보수로 개업공인중개사에게 지급한다.

※ 뒤쪽 별표의 요율을 넘지 않아야 하며, 실비는 별도로 지급한다.

5. 개업공인중개사의 손해배상책임

개업공인중개사가 다음의 행위를 한 경우 의뢰인에게 그 손해를 배상해야 한다.

① 중개보수 또는 실비의 과다수령 : 차액 환급

② 확인 · 설명을 소홀히 하여 재산상의 피해를 발생하게 한 경우 : 손해액 배상

6. 이 계약에 정하지 않은 사항에 대하여는 당사자가 합의하여 별도로 정할 수 있다.

이 계약을 확인하기 위하여 계약서 2통을 작성하여 계약 당사자 간에 이의가 없음을 확인하고 각자 서명 또는 날인한 후 쌍방이 1통씩 보관한다.

중개의뢰인	주소(체류지) 성명　　서명 또는 인　　생년월일　　전화번호
개업공인 중개사	주소(체류지)　　성명(대표자)　　서명 또는 인　　상호(명칭) 등록번호　　생년월일　　전화번호

일 반 중 개 계 약 서

[ ] 매도 [ ] 매수 [ ] 임대 [ ] 임차 [ ] 그 밖의 계약(   )

1. 개업공인중개사의 의무사항

중개대상물의 거래가 조속히 이루어지도록 성실히 노력해야 한다.

2. 중개의뢰인의 권리 · 의무 사항

① 의뢰인은 이 계약에도 불구하고 중개대상물의 거래에 관한 중개를 다른 개업공인중개사에게도 의뢰할 수 [   ].

② 의뢰인은 개공이 중개대상물 확인 · 설명의무를 이행하는데 [   ]해야 한다.

3. 유효기간

이 계약의 유효기간은   년   월   일까지로 한다.

※ [   ]개월을 원칙으로 하되, 합의하여 별도로 정한 경우 그 기간에 따른다.

4. 중개보수

중개대상물에 대한 거래계약이 성립한 경우 의뢰인은 거래가액의   % (또는   원)을 중개 보수로 개업공인중개사에게 지급한다.

※ 뒤쪽 별표의 요율을 넘지 않아야 하며, [   ]는 별도로 지급한다.

5. 개업공인중개사의 손해배상 책임

개업공인중개사가 다음의 행위를 한 경우 의뢰인에게 그 손해를 배상해야 한다.

① 중개보수 또는 실비의 과다수령 : [   ] 환급

② [   ]을 소홀히 하여 재산상의 피해를 발생하게 한 경우 : 손해액 배상

6. 이 계약에 정하지 않은 사항에 대하여는 당사자가 합의하여 별도로 정할 수 [   ].

이 계약을 확인하기 위하여 계약서 2통을 작성하여 계약 당사자 간에 이의가 없음을 확인하고 각자 서명 [   ] 날인한 후 쌍방이 1통씩 보관한다.

중개의뢰인	주소(체류지) 성명 서명 또는 인 생년월일 전화번호
개업공인 중개사	주소(체류지) 성명(대표자) 서명 또는 인 상호(명칭) 등록번호 생년월일 전화번호

전 속 중 개 계 약 서

[ ] 매도 [ ] 매수 [ ] 임대 [ ] 임차 [ ] 그 밖의 계약(   )

1. 개업공인중개사의 의무사항

① 개업공인중개사는 의뢰인에게 계약체결 후 <u>2주일에 1회 이상</u> 중개업무 처리상황을 <u>문서로 통지</u>하여야 한다.

② 개공은 전속중개계약 체결 후 <u>7일 이내</u> 부동산거래정보망 <u>또는</u> 일간신문에 중개대상물에 관한 정보를 공개하여야 하며, 중개대상물을 공개한 때에는 <u>지체 없이</u> 의뢰인에게 그 내용을 <u>문서로 통지</u>하여야 한다. 다만, 의뢰인이 비공개를 요청한 경우에는 이를 공개하지 아니한다.(공개 또는 비공개 여부:)

2. 중개의뢰인의 권리 · 의무 사항

① 1. 또는 2.에 해당하는 경우에는 의뢰인은 그가 지불하여야 할 중개보수에 해당하는 금액을 개공에게 위약금으로 지불하여야 한다. 다만, 3.의 경우에는 중개보수의 50퍼센트에 해당하는 금액의 범위에서 개업공인중개사가 중개행위를 할 때 소요된 비용을 지불한다.

  1. 유효기간 내에 다른 개업공인중개사에게 중개를 의뢰하여 거래한 경우
  2. 유효기간 내에 개업공인중개사의 소개에 의하여 알게 된 상대방과 개업공인중개사를 배제하고 거래당사자 간에 직접 거래한 경우
  3. 유효기간 내에 스스로 발견한 상대방과 거래한 경우

② 의뢰인은 개공이 중개대상물 확인 · 설명의무를 이행하는데 협조해야 한다.

3. 유효기간

※ 3개월을 원칙으로 하되, 합의하여 별도로 정한 경우 그 기간에 따른다.

4. 중개보수

※ 뒤쪽 별표의 요율을 넘지 않아야 하며, 실비는 별도로 지급한다.

5. 개공의 손해배상책임

개업공인중개사가 다음의 행위를 한 경우 의뢰인에게 그 손해를 배상해야 한다.
① 중개보수 또는 실비의 과다수령 : 차액 환급
② 확인 · 설명을 소홀히 하여 재산상의 피해를 발생하게 한 경우 : 손해액 배상

6. 이 계약에 정하지 않은 사항에 대하여는 당사자가 합의하여 별도로 정할 수 있다.

이 계약을 확인하기 위하여 계약서 2통을 작성하여 계약 당사자 간에 이의가 없음을 확인하고 각자 서명 또는 날인한 후 쌍방이 1통씩 보관한다.

전 속 중 개 계 약 서

[ ] 매도 [ ] 매수 [ ] 임대 [ ] 임차 [ ] 그 밖의 계약(   )

1. 개업공인중개사의 의무사항

① 개업공인중개사는 의뢰인에게 계약체결 후 [ ]주일에 [ ]회 이상 중개업무 처리상황을 문서로 통지하여야 한다.

② 개공은 전속중개계약 체결 후 [ ]일 이내 부동산거래정보망 또는 일간신문에 중개대상물에 관한 정보를 공개하여야 하며, 중개대상물을 공개한 때에는 [   ] 의뢰인에게 그 내용을 문서로 통지하여야 한다. 다만, 의뢰인이 비공개를 요청한 경우에는 이를 공개하지 아니한다.(공개 또는 비공개 여부:)

2. 중개의뢰인의 권리 · 의무 사항

① 1. 또는 2.에 해당하는 경우에는 의뢰인은 그가 지불하여야 할 [   ]에 해당하는 금액을 개공에게 [   ]으로 지불하여야 한다. 다만, 3.의 경우에는 중개보수의 [ ]퍼센트에 해당하는 금액의 [   ] 개업공인중개사가 중개행위를 할 때 소요된 비용을 지불한다.

    1. 유효기간 내에 다른 개업공인중개사에게 중개를 의뢰하여 거래한 경우
    2. 유효기간 내에 개업공인중개사의 소개에 의하여 알게 된 상대방과 개업공인중개사를 배제하고 거래당사자 간에 직접 거래한 경우
    3. 유효기간 내에 스스로 발견한 상대방과 거래한 경우

② 의뢰인은 개공이 중개대상물 확인 · 설명의무를 이행하는데 [   ]해야 한다.

3. 유효기간

※ [ ]개월을 원칙으로 하되, 합의하여 별도로 정한 경우 그 기간에 따른다.

4. 중개보수

※ 뒤쪽 별표의 요율을 넘지 않아야 하며, [   ]는 별도로 지급한다.

5. 개공의 손해배상 책임

개업공인중개사가 다음의 행위를 한 경우 의뢰인에게 그 손해를 배상해야 한다.
① 중개보수 또는 실비의 과다수령 : [   ] 환급
② [   ]을 소홀히 하여 재산상의 피해를 발생하게 한 경우 : 손해액 배상

6. 이 계약에 정하지 않은 사항에 대하여는 당사자가 합의하여 별도로 정할 수 [   ].

이 계약을 확인하기 위하여 계약서 2통을 작성하여 계약 당사자 간에 이의가 없음을 확인하고 각자 서명 [   ] 날인한 후 쌍방이 1통씩 보관한다.

일반중개계약서 및 전속중개계약서의 뒤쪽		
I. 권리이전용(매도·임대 등)		
구분	[ ] 매도 [ ] 임대 [ ]그 밖의 사항( )	
소유자 및 등기명의인		
중개대상물의 표시	건축물	
	토지	
	은행융자·권리금·제세공과금 등 (또는 월임대료·보증금·관리비 등)	
권리관계		
거래규제 및 공법상 제한사항		
중개의뢰 금액		
II. 권리취득용(매수·임차 등)		
구분	[ ] 매수 [ ] 임차 [ ] 그 밖의 사항( )	
희망물건의 종류		
취득 희망가격		
희망 지역		
첨부서류	**중개보수 요율표**(「공인중개사법」 제32조제4항 및 같은 법 시행규칙 제20조에 따른 요율표를 수록합니다) ※ 해당 내용을 요약하여 수록하거나, 별지로 첨부합니다.	

일반중개계약서 및 전속중개계약서의 뒤쪽	

I. 권리이전용(매도 · 임대 등)

구분	[ ] 매도 [ ] 임대 [ ]그 밖의 사항( )	
소유자 및 등기명의인		
중개대상물의 [ ]	건축물	
	토지	
	은행융자 · 권리금 · 제세공과금 등 (또는 월임대료 · 보증금 · 관리비 등)	
[ ]관계		
거래규제 및 [ ]상 제한사항		
중개의뢰 금액		

II. 권리취득용(매수 · 임차 등)

구분	[ ] 매수 [ ] 임차 [ ] 그 밖의 사항( )	
[ ]물건의 종류		
취득 [ ]가격		
[ ] 지역		

첨부서류	**중개보수 요율표**(「공인중개사법」 제32조제4항 및 같은 법 시행규칙 제20조에 따른 요율표를 수록합니다) ※ 해당 내용을 요약하여 수록하거나, 별지로 첨부합니다.

테마 19 ▶ 개업공인중개사등의 기본윤리

법률 제29조(개업공인중개사등의 기본윤리)

② 개업공인중개사등은 이 법 및 다른 법률에 특별한 규정이 있는 경우를 제외하고는 그 업무상 알게 된 비밀을 누설하여서는 아니된다. 개업공인중개사등이 그 업무를 떠난 후에도 또한 같다. ▸1년 이하의 징역 또는 1천만원 이하의 벌금

법률 제49조(벌칙)

② 위 규정에 위반한 자는 피해자의 명시한 의사에 반하여 벌하지 아니한다.

테마 20 ▶ 중개대상물의 확인 · 설명

법률 제25조(중개대상물의 확인 · 설명)

① 개업공인중개사는 중개를 의뢰받은 경우에는 중개가 완성되기 전에 설명 사항을 확인하여 이를 해당 중개대상물에 관한 권리를 취득하고자 하는 중개의뢰인에게 성실 · 정확하게 설명하고, 토지대장 등본 또는 부동산종합증명서, 등기사항증명서 등 설명의 근거자료를 제시하여야 한다.

   ▸위반시 개공 : 500만원 이하 과태료, 소공 : 자격정지

② 개업공인중개사는 확인 · 설명을 위하여 필요한 경우에는 중개대상물의 매도의뢰인 · 임대의뢰인 등에게 해당 중개대상물의 상태에 관한 자료를 요구할 수 있다.

시행령 제21조(중개대상물의 확인 · 설명)

② 개업공인중개사는 매도의뢰인 · 임대의뢰인 등이 중개대상물의 상태에 관한 자료 요구에 불응한 경우에는 그 사실을 매수의뢰인 · 임차의뢰인 등에게 설명하고, 중개대상물확인 · 설명서에 기재하여야 한다.

③ 개업공인중개사는 중개가 완성되어 거래계약서를 작성하는 때에는 확인 · 설명 사항을 서면으로 작성하여(=확인 · 설명서 작성) 거래당사자에게 교부하고 3년 동안 그 원본, 사본 또는 전자문서를 보존하여야 한다. 다만, 확인 · 설명사항이 공인전자문서센터에 보관된 경우에는 그러하지 아니하다.

테마 19 　**개업공인중개사등의 기본윤리**

법 률 　제29조(개업공인중개사등의 기본윤리)

② [＿＿＿＿＿＿＿]은 이 법 및 다른 법률에 특별한 규정이 있는 경우를 제외하고는 그 업무상 알게 된 비밀을 누설하여서는 아니된다. 개업공인중개사등이 그 업무를 [　] 후에도 또한 같다. ▸ [ ]년 이하의 징역 또는 [ ]천만원 이하의 벌금

법 률 　제49조(벌칙)

② 위 규정에 위반한 자는 피해자의 명시한 의사에 [　　] 벌하지 아니한다.

테마 20 　**중개대상물의 확인·설명**

법 률 　제25조(중개대상물의 확인·설명)

① 개업공인중개사는 중개를 의뢰받은 경우에는 중개가 [＿＿＿＿＿] 설명 사항을 확인하여 이를 해당 중개대상물에 관한 권리를 [　]하고자 하는 중개의뢰인에게 성실·정확하게 설명하고, 토지대장 등본 또는 부동산종합증명서, 등기사항증명서 등 설명의 [　　]를 제시하여야 한다.

　▸ 위반시 개공 : [　　]만원 이하 과태료, 소공 : [　　　　　]
② 개업공인중개사는 확인·설명을 위하여 필요한 경우에는 중개대상물의 매도의뢰인·임대의뢰인 등에게 해당 중개대상물의 상태에 관한 자료를 [　　　　].

시행령 　제21조(중개대상물의 확인·설명)

② 개업공인중개사는 매도의뢰인·임대의뢰인 등이 중개대상물의 상태에 관한 자료 요구에 불응한 경우에는 그 사실을 매수의뢰인·임차의뢰인 등에게 [　]하고, 중개대상물[＿＿＿＿＿]에 기재하여야 한다.

③ 개업공인중개사는 중개가 완성되어 [＿＿＿＿＿＿＿]에는 확인·설명 사항을 서면으로 작성하여(=확인·설명서 작성) 거래당사자에게 교부하고 [ ]년 동안 그 원본, 사본 또는 전자문서를 보존하여야 한다. 다만, 확인·설명사항이 공인 [　　　]센터에 보관된 경우에는 그러하지 아니하다.

④ 확인·설명서에는 개업공인중개사(법인인 경우에는 대표자를 말하며, 법인에 분사무소가 설치되어 있는 경우에는 분사무소의 <u>책임자</u>를 말한다)가 <u>서명 및 날인</u>하되, <u>해당 중개행위를 한 소속공인중개사</u>가 있는 경우에는 소속공인중개사가 함께 서명 및 날인하여야 한다.

    ‣ 개공 ③④ 위반시 : 순수 업무정지   ‣ 소공 ④ 위반시 : 자격정지

시행령   **제21조(중개대상물의 확인·설명)** 8가지 + 취중토바

① 개업공인중개사가 확인·설명하여야 하는 사항은 다음 각 호와 같다.

   1. 중개대상물의 종류·소재지·지번·지목·면적·용도·구조 및 건축연도 등 중개대상물에 관한 기본적인 사항(=**특정**)

   2. 소유권·전세권·저당권·지상권 및 임차권 등 중개대상물의 **권리**관계에 관한 사항

   3. **토**지이용계획, **공법**상의 거래규제 및 이용제한에 관한 사항

   4. 수도·전기·가스·소방·열공급·승강기 및 배수 등 시설물의 **상태**

   5. 벽면·**바**닥면 및 도배의 **상태**

   6. 일조·소음·진동 등 **환경**조건

   7. 도로 및 대중교통수단과의 연계성, 시장·학교와의 근접성 등 **입지**조건

   8. **거래예정금액**

   9. 권리를 **취**득함에 따라 부담하여야 할 조세의 종류 및 세율

   10. **중**개보수 및 실비의 금액과 그 산출내역

법 률   **제25조의3(임대차 중개 시의 설명의무)** 신설

개업공인중개사는 주택의 임대차계약을 체결하려는 중개의뢰인에게 다음 각 호의 사항을 설명하여야 한다.

1. 「주택임대차보호법」에 따라 확정일자부여기관에 정보제공을 요청할 수 있다는 사항

2. 「국세징수법」에 따라 임대인이 납부하지 아니한 국세 및 지방세의 열람을 신청할 수 있다는 사항

④ 확인·설명서에는 개업공인중개사(법인인 경우에는 [   ]를 말하며, 법인에 분사무소가 설치되어 있는 경우에는 분사무소의 [   ]를 말한다)가 서명 [   ] 날인하되, 해당 중개행위를 한 소속공인중개사가 있는 경우에는 소속공인중개사가 함께 [   ]하여야 한다.

‣ 개공 ③④ 위반시 : 순수 [   ]   ‣ 소공 ④ 위반시 : [   ]

시행령 **제21조(중개대상물의 확인·설명)** 8가지 + 취중토바

① 개업공인중개사가 확인·설명하여야 하는 사항은 다음 각 호와 같다.

1. 중개대상물의 종류·소재지·지번·지목·면적·용도·구조 및 건축연도 등 중개대상물에 관한 [   ]인 사항(=특정)

2. 소유권·전세권·저당권·지상권 및 임차권 등 중개대상물의 [   ]관계에 관한 사항

3. [   ], [   ]상의 거래규제 및 이용제한에 관한 사항

4. 수도·전기·가스·소방·열공급·승강기 및 배수 등 시설물의 상태

5. 벽면·[   ] 및 도배의 상태

6. 일조·소음·진동 등 [   ]조건

7. 도로 및 대중교통수단과의 연계성, 시장·학교와의 근접성 등 [   ]조건

8. 거래예정금액

9. 권리를 [   ]함에 따라 부담하여야 할 조세의 종류 및 세율

10. [   ] 및 [   ]의 금액과 그 산출내역

법 률 **제25조의3(임대차 중개 시의 설명의무)** 신설

개업공인중개사는 주택의 [   ]계약을 체결하려는 중개의뢰인에게 다음 각 호의 사항을 설명하여야 한다.

1. 「주택임대차보호법」에 따라 확정일자부여기관에 정보제공을 요청할 수 있다는 사항

2. 「국세징수법」에 따라 임대인이 납부하지 아니한 국세 및 지방세의 열람을 신청할 수 있다는 사항

[확인·설명서 서식비교]

구 분		주거용	비주거용	토지용	입·광공
기본 확인 사항	① 대상물건의 표시	○	○	○	○
	② 권리관계(등기부)	○	○	○	○
	민간임대 등록여부 계약갱신요구권 행사여부	○	○	×	×
	다가구주택 확인서류 제출여부	○	×	×	×
	③ 토지이용계획·공법상 이용제한 및 거래규제	○	○	○	○
	④ 입지조건	도대차교판	도대차	도대	×
	⑤ 관리에 관한 사항	○	○	×	×
	⑥ 비선호시설	○	×	○	×
	⑦ 거래예정금액	○	○	○	○
	⑧ 취득조세의 종류 및 세율	○	○	○	○
세부 확인 사항	⑨ 실제권리관계 또는 공시되지 아니한 물건의 권리	○	○	○	○
	⑩ 내부·외부 시설물의 상태	○	○	×	×
	⑪ 벽면·바닥면 및 도배상태	○	벽면○ 바닥면○ 도배×	×	×
	⑫ 환경조건	일소진	×	×	×
중개보 수 등에 관한 사항	⑬ 중개보수 및 실비 & 산출내역	○	○	○	○

[확인·설명서 서식비교]

구 분		주거용	비주거용	토지용	입·광·공
기본 확인 사항	① 대상물건의 표시	○	○	○	○
	② 권리관계(등기부)	○	○	○	○
	민간임대 등록여부 계약갱신요구권 행사여부	○		×	×
	다가구주택 확인서류 제출여부	○	×	×	×
	③ 토지이용계획·공법상 이용제한 및 거래규제	○	○	○	
	④ 입지조건	도대차교판			
	⑤ 관리에 관한 사항	○	○	×	×
	⑥ 비선호시설	○			
	⑦ 거래예정금액	○	○	○	○
	⑧ 취득조세의 종류 및 세율	○	○	○	○
세부 확인 사항	⑨ 실제권리관계 또는 공시되지 아 니한 물건의 권리	○	○	○	○
	⑩ 내부·외부 시설물의 상태	○	○	×	×
	⑪ 벽면·바닥면 및 도배상태	○	벽면○ 바닥면( ) 도배( )	×	×
	⑫ 환경조건	일소진			
중개보 수 등에 관한 사항	⑬ 중개보수 및 실비 　& 산출내역	○	○	○	○

법 률   제26조(거래계약서의 작성 등)

① 개업공인중개사는 중개대상물에 관하여 중개가 완성된 때에는 거래계약서를 작성하여 거래당사자에게 교부하고 5년 동안 그 원본, 사본 또는 전자문서를 보존하여야 한다. 다만, 거래계약서가 공인전자문서센터에 보관된 경우에는 그러하지 아니하다.

② 거래계약서에는 개업공인중개사(법인인 경우에는 대표자를 말하며, 법인에 분사무소가 설치되어 있는 경우에는 분사무소의 <u>책임자</u>를 말한다)가 <u>서명 및 날인</u>하되, 해당 중개행위를 한 소속공인중개사가 있는 경우에는 소속공인중개사가 함께 서명 및 날인하여야 한다.

③ 개업공인중개사는 거래계약서를 작성하는 때에는 거래금액 등 거래내용을 거짓으로 기재하거나 서로 다른 둘 이상의 거래계약서를 작성하여서는 아니된다.

- ‣ 개업공인중개사가 거래계약서 교부× 보존× 서명 및 날인× : 순수 업무정지
- ‣ 소속공인중개사가 거래계약서 서명 및 날인× : 자격정지
- ‣ 거래계약서 거짓 기재, 둘 계약서 : 개공 임의적 등록취소, 소공 자격정지

시행령   제22조(거래계약서 등)

① 거래계약서에는 다음 각 호의 사항을 기재하여야 한다.

1. 거래당사자의 인적 사항
2. 물건의 표시
3. 계약일
4. 물건의 인도일시
5. 권리이전의 내용
6. 거래금액·계약금액 및 그 지급일자 등 지급에 관한 사항
7. 그 밖의 약정내용
8. 중개대상물확인·설명서 교부일자
9. 계약의 조건이나 기한이 있는 경우에는 그 조건 또는 기한

③ 국토교통부장관은 개업공인중개사가 작성하는 거래계약서의 표준이 되는 서식을 정하여 그 사용을 권장할 수 있다.

- ‣ 현재 국토교통부령에는 거래계약서의 표준서식이 없다.

법 률 제26조(거래계약서의 작성 등)

① 개업공인중개사는 중개대상물에 관하여 중개가 완성된 때에는 거래계약서를 작성하여 거래당사자에게 교부하고 [　]년 동안 그 원본, 사본 또는 전자문서를 보존하여야 한다. 다만, 거래계약서가 공인[　　　　]센터에 보관된 경우에는 그러하지 아니하다.

② 거래계약서에는 개업공인중개사(법인인 경우에는 [　　　]를 말하며, 법인에 분사무소가 설치되어 있는 경우에는 분사무소의 [　　　]를 말한다)가 서명 [　] 날인하되, 해당 중개행위를 한 소속공인중개사가 있는 경우에는 소속공인중개사가 함께 서명 [　] 날인하여야 한다.

③ 개업공인중개사는 거래계약서를 작성하는 때에는 거래금액 등 거래내용을 거짓으로 기재하거나 서로 다른 둘 이상의 거래계약서를 작성하여서는 아니된다.

‣ 개업공인중개사가 거래계약서 교부× 보존× 서명 및 날인× : 순수 [　　　　　　]

‣ 소속공인중개사가 거래계약서 서명 및 날인× : [　　　　　]

‣ 거래계약서 거짓 기재, 둘 계약서 : 개공 [　　　　　　　], 소공 [　　　　　]

시행령 제22조(거래계약서 등)

① 거래계약서에는 다음 각 호의 사항을 기재하여야 한다.

1. 거래당사자의 인적 사항
2. 물건의 표시
3. 계약일
4. 물건의 [　　　　　]
5. [　　　　　　　　]
6. [　　　　　]·계약금액 및 그 지급일자 등 지급에 관한 사항
7. 그 밖의 약정내용
8. 중개대상물[　　　　　　] 교부일자
9. 계약의 [　　]이나 [　　]이 있는 경우에는 그 [　　] 또는 [　　]

③ [　　　　　　　　　]은 개업공인중개사가 작성하는 거래계약서의 표준이 되는 서식을 정하여 그 사용을 권장할 수 있다.

‣ 현재 국토교통부령에는 거래계약서의 표준서식이 [　　].

법 률　제31조(계약금등의 반환채무이행의 보장)

① 개업공인중개사는 <u>거래의 안전을 보장하기 위하여 필요하다고 인정하는 경우</u>에는 <u>거래계약의 이행이 완료될 때까지 계약금·중도금 또는 잔금</u>(이하 이 조에서 "계약금등"이라 한다)을 **개업공인중개사 또는 대통령령으로 정하는 자**(=예치명의자)의 명의로 공제사업을 하는 자, 금융기관 또는 「자본시장과 금융투자업에 관한 법률」에 따른 신탁업자 등에 예치하도록 거래당사자에게 권고할 수 있다.

② 계약금등을 예치한 경우 매도인·임대인 등은 해당 계약을 해제한 때에 계약금등의 반환을 보장하는 내용의 금융기관 또는 보증보험회사가 발행하는 <u>보증서를 계약금등의 예치명의자에게 교부하고 계약금등을 미리 수령할 수 있다.</u>

시행령　제27조(계약금등의 예치·관리 등)

① 예치명의자 : 개업공인중개사 또는 "대통령령으로 정하는 자"

 1. 공제사업을 하는 자
 2. 「은행법」에 따른 은행
 3. 「보험업법」에 따른 보험회사
 4. 「자본시장과 금융투자업에 관한 법률」에 따른 신탁업자
 5. 「우체국예금·보험에 관한 법률」에 따른 체신관서
 6. 부동산 거래계약의 이행을 보장하기 위하여 계약금·중도금 또는 잔금 및 계약 관련서류를 관리하는 업무를 수행하는 전문회사

② 개업공인중개사는 거래당사자가 계약금등을 <u>개업공인중개사의 명의로 금융기관 등에 예치할 것을 의뢰하는 경우</u>에는 <u>계약이행의 완료 또는 계약해제 등의 사유로 인한 계약금등의 인출에 대한 거래당사자의 동의 방법, 반환채무이행 보장에 소요되는 실비</u> 그 밖에 거래안전을 위하여 필요한 사항을 약정하여야 한다.

③ 개업공인중개사는 계약금등을 <u>자기 명의로</u> 금융기관 등에 예치하는 경우에는 자기 소유의 예치금과 분리하여 관리될 수 있도록 하여야 하며, 예치된 계약금등은 거래당사자의 동의 없이 인출하여서는 아니 된다.

④ 개업공인중개사는 계약금등을 <u>자기 명의로</u> 금융기관 등에 예치하는 경우에는 그 계약금등을 거래당사자에게 지급할 것을 보장하기 위하여 <u>예치대상이 되는 계약금등에 해당하는 금액을 보장하는 보증보험 또는 공제에 가입하거나 공탁을 하여야 하며,</u> 거래당사자에게 관계증서의 사본을 교부하거나 관계증서에 관한 전자문서를 제공하여야 한다.

계약금등의 반환채무이행의 보장

법률 제31조(계약금등의 반환채무이행의 보장)

① 개업공인중개사는 <u>거래의 안전을 보장하기 위하여 필요하다고 인정하는 경우</u>에는 <u>거래계약의 이행이 완료될 때까지 계약금 · 중도금 또는 잔금</u>(이하 이 조에서 "계약금등"이라 한다)을 [   ] <u>또는 대통령령으로 정하는 자</u>(=예치명의자)의 명의로 공제사업을 하는 자, 금융기관 또는 「자본시장과 금융투자업에 관한 법률」에 따른 신탁업자 등에 예치하도록 거래당사자에게 권고[   ].

② 계약금등을 예치한 경우 매도인 · 임대인 등은 해당 계약을 해제한 때에 계약금등의 반환을 보장하는 내용의 금융기관 또는 보증보험회사가 발행하는 <u>보증서를</u> 계약금등의 [   ]에게 교부하고 계약금등을 미리 수령할 수 있다.

시행령 제27조(계약금등의 예치 · 관리 등)

① 예치명의자 : 개업공인중개사 또는 "대통령령으로 정하는 자"

1. [   ]을 행하는 자
2. 「은행법」에 따른 [   ]
3. 「보험업법」에 따른 [   ]
4. 「자본시장과 금융투자업에 관한 법률」에 따른 [   ]
5. 「우체국예금 · 보험에 관한 법률」에 따른 [   ]
6. 부동산 거래계약의 이행을 보장하기 위하여 계약금 · 중도금 또는 잔금 및 계약 관련서류를 관리하는 업무를 수행하는 [   ]

② 개업공인중개사는 거래당사자가 계약금등을 [   ]의 명의로 금융기관 등에 예치할 것을 의뢰하는 경우에는 <u>계약이행의 완료 또는 계약해제 등의 사유로 인한 계약금등의 인출에 대한 거래당사자의 동의 방법, 반환채무이행 보장에 소요되는</u> [   ] 그 밖에 <u>거래안전을 위하여 필요한 사항을 약정하여야 한다.</u>

③ 개업공인중개사는 계약금등을 <u>자기 명의로</u> 금융기관 등에 예치하는 경우에는 자기 소유의 예치금과 분리하여 관리될 수 있도록 하여야 하며, 예치된 계약금등은 거래당사자의 동의 없이 인출하여서는 아니 된다.

④ 개업공인중개사는 계약금등을 <u>자기 명의로</u> 금융기관 등에 예치하는 경우에는 그 계약금등을 거래당사자에게 지급할 것을 보장하기 위하여 [   ]이 되는 계약 금등에 해당하는 금액을 보장하는 보증보험 또는 공제에 가입하거나 공탁을 하여야 하며, 거래당사자에게 관계증서의 사본을 교부하거나 관계증서에 관한 전자문서를 제공하여야 한다.

법률 제30조(손해배상책임의 보장)

① 개업공인중개사는 중개행위를 하는 경우 고의 또는 과실로 인하여 거래당사자에게 재산상의 손해를 발생하게 한 때에는 그 손해를 배상할 책임이 있다.

② 개업공인중개사는 자기의 중개사무소를 다른 사람의 중개행위의 장소로 제공함으로써 거래당사자에게 재산상의 손해를 발생하게 한 때에는 그 손해를 배상할 책임이 있다.

③ 개업공인중개사는 <u>업무를 개시하기 전에</u> 제1항 및 제2항에 따른 손해배상책임을 보장하기 위하여 보증보험 또는 공제에 가입하거나 공탁을 하여야 한다.

④ 제3항에 따라 공탁한 <u>공탁금은</u> 개업공인중개사가 폐업 또는 사망한 날부터 <u>3년 이내</u>에는 이를 회수할 수 없다.

⑤ 개업공인중개사는 <u>중개가 완성된 때에는</u> 거래당사자에게 손해배상책임의 보장에 관한 다음 각 호의 사항을 설명하고 관계 증서의 사본을 교부하거나 관계 증서에 관한 전자문서를 제공하여야 한다. ㆍ위반시 100만원 이하 과태료

  1. 보장금액   2. 보장기간
  3. 보증보험회사, 공제사업을 행하는 자, 공탁기관 및 그 소재지

시행령 제24조(손해배상책임의 보장)

① 개업공인중개사는 법 제30조제3항에 따라 다음 각 호에 해당하는 금액을 보장하는 보증보험 또는 공제에 가입하거나 공탁을 하여야 한다.

  1. 법인인 개업공인중개사 : 4억원 이상. 다만, 분사무소를 두는 경우에는 분사무소마다 2억원 이상을 추가로 설정하여야 한다.

  2. 법인이 아닌 개업공인중개사 : 2억원 이상

② 개업공인중개사는 중개사무소 개설등록을 한 때에는 <u>업무를 시작하기 전에 손해배상책임을 보장하기 위한 조치</u>(이하 "보증"이라 한다)를 한 후 그 증명서류를 갖추어 등록관청에 신고하여야 한다. 다만, 보증기관이 보증사실을 등록관청에 직접 통보한 경우에는 신고를 생략할 수 있다.

시행규칙 제18조(보증의 설정신고)

② "증명서류"라 함은 다음에 해당하는 서류(전자문서를 포함한다)를 말한다.
  1. 보증보험증서 사본   2. 공제증서 사본   3. 공탁증서 사본

손해배상책임의 보장

법 률 제30조(손해배상책임의 보장)

① 개업공인중개사는 중개행위를 하는 경우 고의 또는 과실로 인하여 거래당사자에게 재산상의 손해를 발생하게 한 때에는 그 손해를 배상할 책임이 있다.

② 개업공인중개사는 자기의 중개사무소를 다른 사람의 [   ]의 장소로 제공함으로써 거래당사자에게 재산상의 손해를 발생하게 한 때에는 그 손해를 배상할 책임이 있다.

③ 개업공인중개사는 [   ] 제1항 및 제2항에 따른 손해배상책임을 보장하기 위하여 보증보험 또는 공제에 가입하거나 공탁을 하여야 한다.

④ 제3항에 따라 공탁한 공탁금은 개업공인중개사가 폐업 또는 사망한 날부터 [ ]년 이내에는 이를 회수할 수 없다.

⑤ 개업공인중개사는 중개가 [   ]에는 거래당사자에게 손해배상책임의 보장에 관한 다음 각 호의 사항을 설명하고 관계 증서의 사본을 교부하거나 관계 증서에 관한 전자문서를 제공하여야 한다. ‣위반시 [   ]만원 이하 과태료

 1. 보장[   ]   2. 보장[   ]
 3. 보증보험회사, 공제사업을 행하는 자, 공탁기관 및 그 [   ]

시행령 제24조(손해배상책임의 보장)

① 개업공인중개사는 법 제30조제3항에 따라 다음 각 호에 해당하는 금액을 보장하는 보증보험 또는 공제에 가입하거나 공탁을 하여야 한다.

 1. 법인인 개업공인중개사 : [ ]억원 이상. 다만, 분사무소를 두는 경우에는 분사무소마다 [ ]억원 이상을 추가로 설정하여야 한다.

 2. 법인이 아닌 개업공인중개사 : [ ]억원 이상

② 개업공인중개사는 중개사무소 개설등록을 한 때에는 업무를 [   ] 손해배상책임을 보장하기 위한 조치(이하 "보증"이라 한다)를 한 후 그 증명서류를 갖추어 등록관청에 신고하여야 한다. 다만, 보증기관이 보증사실을 등록관청에 직접 통보한 경우에는 신고를 [   ]할 수 있다.

시행규칙 제18조(보증의 설정신고)
② "증명서류"라 함은 다음에 해당하는 서류([   ]를 포함한다)를 말한다.
 1. 보증보험증서 사본   2. 공제증서 사본   3. 공탁증서 사본

③ 다른 법률에 따라 부동산중개업을 할 수 있는 자가 부동산중개업을 하려는 경우에는 중개업무를 개시하기 전에 보장금액 2천만원 이상의 보증을 보증기관에 설정하고 그 증명서류를 갖추어 등록관청에 신고해야 한다.

시행령 **제25조(보증의 변경)**

① 보증을 설정한 개업공인중개사는 그 보증을 다른 보증으로 변경하고자 하는 경우에는 이미 설정한 보증의 효력이 있는 기간 중에 다른 보증을 설정하고 그 증명서류를 갖추어 등록관청에 신고하여야 한다.

② 보증보험 또는 공제에 가입한 개업공인중개사로서 보증기간이 만료되어 다시 보증을 설정하고자 하는 자는 그 보증기간 만료일까지 다시 보증을 설정하고 그 증명서류를 갖추어 등록관청에 신고하여야 한다.

③ 제1항 또는 제2항의 규정에 따른 신고에 관하여도 보증기관이 보증사실을 등록관청에 직접 통보한 경우에는 신고를 생략할 수 있다.

시행령 **제26조(보증보험금의 지급 등)**

① 중개의뢰인이 손해배상금으로 보증보험금·공제금 또는 공탁금을 지급받고자 하는 경우에는 그 중개의뢰인과 개업공인중개사간의 손해배상합의서·화해조서 또는 확정된 법원의 판결문 사본 그 밖에 이에 준하는 효력이 있는 서류를 첨부하여 보증기관에 손해배상금의 지급을 청구하여야 한다.

② 개업공인중개사는 보증보험금·공제금 또는 공탁금으로 손해배상을 한 때에는 15일 이내에 보증보험 또는 공제에 다시 가입하거나 공탁금 중 부족하게 된 금액을 보전하여야 한다.

③ 다른 법률에 따라 부동산중개업을 할 수 있는 자가 부동산중개업을 하려는 경우에는 중개업무를 개시하기 전에 보장금액 [ ]천만원 이상의 보증을 보증기관에 설정하고 그 증명서류를 갖추어 등록관청에 [   ]해야 한다.

시행령 **제25조(보증의 변경)**

① 보증을 설정한 개업공인중개사는 그 보증을 다른 보증으로 변경하고자 하는 경우에는 이미 설정한 보증의 효력이 [   ] 다른 보증을 설정하고 그 증명서류를 갖추어 등록관청에 신고하여야 한다.

② 보증보험 또는 공제에 가입한 개업공인중개사로서 보증기간이 만료되어 다시 보증을 설정하고자 하는 자는 그 보증기간 [   ] 다시 보증을 설정하고 그 증명서류를 갖추어 등록관청에 신고하여야 한다.

③ 제1항 또는 제2항의 규정에 따른 신고에 관하여도 보증기관이 보증사실을 등록관청에 직접 통보한 경우에는 신고를 [   ]할 수 있다.

시행령 **제26조(보증보험금의 지급 등)**

① 중개의뢰인이 손해배상금으로 보증보험금·공제금 또는 공탁금을 지급받고자 하는 경우에는 그 중개의뢰인과 개업공인중개사간의 손해배상합의서·화해조서 또는 확정된 법원의 판결문 사본 그 밖에 이에 준하는 효력이 있는 서류를 첨부하여 [   ]에 손해배상금의 지급을 청구하여야 한다.

② 개업공인중개사는 보증보험금·공제금 또는 공탁금으로 손해배상을 한 때에는 [   ]일 이내에 보증보험 또는 공제에 다시 가입하거나 공탁금 중 부족하게 된 금액을 보전하여야 한다.

법 률 제33조(금지행위)

① 개업공인중개사등은 다음의 행위를 하여서는 아니 된다.

    ‣ 1~4(판매명수) : 1-1   ‣ 5~10(관직쌍투꾸단) : 3-3

1. 해당 중개대상물의 거래상의 중요사항에 관하여 거짓된 언행 그 밖의 방법으로 중개의뢰인의 **판**단을 그르치게 하는 행위

2. 중개대상물의 **매**매를 업으로 하는 행위

3. 중개사무소의 개설등록을 하지 아니하고 중개업을 영위하는 자인 사실을 알면서 그를 통하여 중개를 의뢰받거나 그에게 자기의 **명**의를 이용하게 하는 행위

4. 사례·증여 그 밖의 어떠한 명목으로도 중개보**수** 또는 실비를 초과하여 금품을 받는 행위

5. 관계 법령에서 양도·알선 등이 금지된 부동산의 분양·임대 등과 **관**련 있는 증서 등의 매매·교환 등을 중개하거나 그 매매를 업으로 하는 행위

6. 중개의뢰인과 **직**접 거래를 하거나 거래당사자 **쌍**방을 대리하는 행위

7. 탈세 등 관계 법령을 위반할 목적으로 소유권보존등기 또는 이전등기를 하지 아니한 부동산의 매매를 중개하는 등 부동산**투**기를 조장하는 행위 / 관계 법령의 규정에 의하여 전매 등 권리의 변동이 제한된 부동산의 매매를 중개하는 등 부동산**투**기를 조장하는 행위

8. 부당한 이익을 얻거나 제3자에게 부당한 이익을 얻게 할 목적으로 거짓으로 거래가 완료된 것처럼 **꾸**미는 등 중개대상물의 시세에 부당한 영향을 주거나 줄 우려가 있는 행위

9. **단**체를 구성하여 특정 중개대상물에 대하여 중개를 제한하거나 단체 구성원 이외의 자와 공동중개를 제한하는 행위

② 누구든지 시세에 부당한 영향을 줄 목적으로 다음 각 호의 어느 하나의 방법으로 개업공인중개사등의 업무를 방해해서는 아니 된다. ‣ 3-3

1. 안내문, 온라인 커뮤니티 등을 이용하여 특정 개업공인중개사등에 대한 중개의뢰를 제한하거나 제한을 유도하는 행위

2. 안내문, 온라인 커뮤니티 등을 이용하여 중개대상물에 대하여 시세보다 현저하게 높게 표시·광고 또는 중개하는 특정 개업공인중개사등에게만 중개의뢰를 하도록 유도함으로써 다른 개업공인중개사등을 부당하게 차별하는 행위

법 률 제33조(금지행위)

① [＿＿＿＿＿＿＿＿＿＿]은 다음 각 호의 행위를 하여서는 아니된다.

> ▸ 1~4(판매명수) : 1-1　　▸ 5~10(관직쌍투꾸단) : 3-3

1. 해당 중개대상물의 거래상의 중요사항에 관하여 거짓된 언행 그 밖의 방법으로 중개의뢰인의 [　]을 그르치게 하는 행위

2. 중개대상물의 [　]를 업으로 하는 행위

3. 중개사무소의 개설등록을 하지 아니하고 중개업을 영위하는 자인 사실을 알면서 그를 통하여 중개를 의뢰받거나 그에게 자기의 [　]를 이용하게 하는 행위

4. 사례 · [　] 그 밖의 어떠한 명목으로도 중개보수 또는 실비를 초과하여 금품을 받는 행위

5. 관계 법령에서 양도 · 알선 등이 금지된 부동산의 분양 · 임대 등과 [　] 있는 증서 등의 매매 · 교환 등을 [　]하거나 그 [　]를 업으로 하는 행위

6. 중개의뢰인과 [　　　]를 하거나 거래당사자 [　]을 [　]하는 행위

7. 탈세 등 관계 법령을 위반할 목적으로 소유권보존등기 또는 이전등기를 하지 아니한 부동산의 매매를 중개하는 등 부동산[　]를 조장하는 행위 / 관계 법령의 규정에 의하여 전매 등 권리의 변동이 제한된 부동산의 매매를 중개하는 등 부동산[　]를 조장하는 행위

8. 부당한 이익을 얻거나 제3자에게 부당한 이익을 얻게 할 목적으로 거짓으로 거래가 완료된 것처럼 [　　] 등 중개대상물의 시세에 부당한 영향을 주거나 줄 우려가 있는 행위

9. [　]를 구성하여 특정 중개대상물에 대하여 중개를 제한하거나 [　] 구성원 이외의 자와 공동중개를 제한하는 행위

② 누구든지 시세에 부당한 영향을 줄 목적으로 다음 각 호의 어느 하나의 방법으로 개업공인중개사등의 업무를 [　]해서는 아니 된다. ▸ 3-3

1. 안내문, 온라인 커뮤니티 등을 이용하여 특정 개업공인중개사등에 대한 중개의뢰를 제한하거나 제한을 유도하는 행위

2. 안내문, 온라인 커뮤니티 등을 이용하여 중개대상물에 대하여 시세보다 현저하게 높게 표시 · 광고 또는 중개하는 특정 개업공인중개사등에게만 중개의뢰를 하도록 유도함으로써 다른 개업공인중개사등을 부당하게 차별하는 행위

3. 안내문, 온라인 커뮤니티 등을 이용하여 특정 가격 이하로 중개를 의뢰하지 아니하도록 유도하는 행위

4. 정당한 사유 없이 개업공인중개사등의 중개대상물에 대한 정당한 표시·광고 행위를 방해하는 행위

5. 개업공인중개사등에게 중개대상물을 시세보다 현저하게 높게 표시·광고하도록 강요하거나 대가를 약속하고 시세보다 현저하게 높게 표시·광고하도록 유도하는 행위

3. 안내문, 온라인 커뮤니티 등을 이용하여 특정 가격 [   ]로 중개를 의뢰하지 아니하도록 유도하는 행위

4. 정당한 사유 없이 개업공인중개사등의 중개대상물에 대한 정당한 표시·광고 행위를 [   ]하는 행위

5. 개업공인중개사등에게 중개대상물을 시세보다 현저하게 높게 표시·광고하도록 [   ]하거나 대가를 약속하고 시세보다 현저하게 높게 표시·광고하도록 [   ] 하는 행위

법률 **제47조의2(부동산거래질서교란행위 신고센터의 설치 · 운영)**

① 국토교통부장관은 부동산 시장의 건전한 거래질서를 조성하기 위하여 부동산 거래질서교란행위 신고센터를 설치 · 운영할 수 있다.

② 신고센터는 다음 각 호의 업무를 수행한다.

1. 부동산거래질서교란행위 신고의 접수 및 상담

2. 신고사항에 대한 확인 또는 시 · 도지사 및 등록관청 등에 신고사항에 대한 조사 및 조치 요구

3. 신고인에 대한 신고사항 처리 결과 통보

시행령 **제37조(부동산거래질서교란행위 신고센터의 설치 · 운영)**

⑦ 국토교통부장관은 신고센터의 업무를 한국부동산원에 위탁한다.

⑧ 한국부동산원은 신고센터의 업무 처리 방법, 절차 등에 관한 운영규정을 정하여 국토교통부장관의 승인을 받아야 한다. 이를 변경하려는 경우에도 또한 같다.

시행령 **제37조(부동산거래질서교란행위 신고센터의 설치 · 운영)**

① 법 제47조의2제1항에 따른 부동산거래질서교란행위 신고센터에 부동산거래 질서교란행위를 신고하려는 자는 다음 각 호의 사항을 서면(전자문서를 포함한다)으로 제출해야 한다.

1. 신고인 및 피신고인의 인적사항

2. 부동산거래질서교란행위의 발생일시 · 장소 및 그 내용

3. 신고 내용을 증명할 수 있는 증거자료 또는 참고인의 인적사항

신고센터는 신고 받은 사항에 대해 보완이 필요한 경우 기간을 정하여 신고인에게 보완을 요청할 수 있다.

법률 제47조의2(부동산거래질서교란행위 신고센터의 설치·운영)

① [   ]은 부동산 시장의 건전한 거래질서를 조성하기 위하여 부동산 거래질서교란행위 신고센터를 설치·운영할 수 있다.

② 신고센터는 다음 각 호의 업무를 수행한다.

　1. 부동산거래질서교란행위 신고의 접수 및 [   ]

　2. 신고사항에 대한 확인 또는 시·도지사 및 등록관청 등에 신고사항에 대한 조사 및 조치 요구

　3. 신고인에 대한 신고사항 처리 결과 통보

시행령 제37조(부동산거래질서교란행위 신고센터의 설치·운영)

⑦ 국토교통부장관은 신고센터의 업무를 [   ]에 위탁한다.

⑧ 한국부동산원은 신고센터의 업무 처리 방법, 절차 등에 관한 운영규정을 정하여 국토교통부장관의 [   ]을 받아야 한다. 이를 [   ]하려는 경우에도 또한 같다.

시행령 제37조(부동산거래질서교란행위 신고센터의 설치·운영)

① 법 제47조의2제1항에 따른 부동산거래질서교란행위 신고센터에 부동산거래질서교란행위를 신고하려는 자는 다음 각 호의 사항을 [   ](전자문서를 포함한다)으로 제출해야 한다.

　1. 신고인 및 피신고인의 [   ]

　2. 부동산거래질서교란행위의 발생일시·장소 및 그 내용

　3. 신고 내용을 증명할 수 있는 증거자료 또는 참고인의 인적사항

신고센터는 신고 받은 사항에 대해 보완이 필요한 경우 기간을 정하여 신고인에게 보완을 요청할 수 있다.

② 신고센터는 제출받은 신고사항에 대해 <u>시·도지사 및 등록관청 등에</u> 조사 및 조치를 요구해야 한다.

③ 요구를 받은 <u>시·도지사 및 등록관청</u> 등은 신속하게 조사 및 조치를 완료하고, <u>완료한 날부터 10일 이내</u>에 그 결과를 <u>신고센터에 통보</u>해야 한다.

④ 신고센터는 시·도지사 및 등록관청 등으로부터 처리 결과를 통보받은 경우 신고인에게 신고사항 처리 결과를 통보해야 한다.

⑤ 신고센터는 <u>매월 10일까지</u> 직전 달의 신고사항 접수 및 처리 결과 등을 <u>국토교통부장관에게 제출</u>해야 한다.

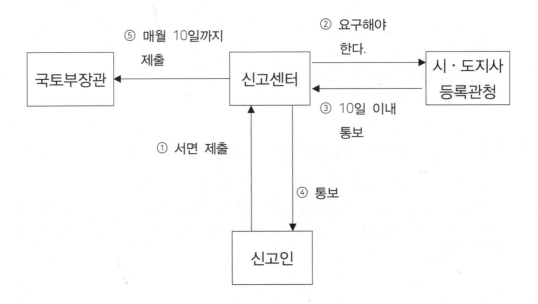

⑥ 다음 각 호의 어느 하나에 해당하는 경우에는 <u>국토교통부장관의 승인을 받아</u> 접수된 신고사항의 <u>처리를 종결할 수 있다.</u>

1. 신고내용이 명백히 거짓인 경우

2. 신고인이 신고사항의 보완요청에 따른 보완을 하지 않은 경우

3. 신고사항의 처리결과를 통보받은 사항에 대하여 정당한 사유 없이 다시 신고한 경우로서 새로운 사실이나 증거자료가 없는 경우

4. 신고내용이 이미 수사기관에서 수사 중이거나 재판이 계속 중이거나 법원의 판결에 의해 확정된 경우

② 신고센터는 제출받은 신고사항에 대해 <u>시 · 도지사 및 등록관청 등에</u> 조사 및 조치를 요구[_____].

③ 요구를 받은 <u>시 · 도지사 및 등록관청</u> 등은 신속하게 조사 및 조치를 완료하고, <u>완료한 날부터 [   ]일 이내</u>에 그 결과를 [_____]에 통보해야 한다.

④ 신고센터는 시 · 도지사 및 등록관청 등으로부터 처리 결과를 통보받은 경우 신고인에게 신고사항 처리 결과를 통보해야 한다.

⑤ 신고센터는 [   ] [   ]일까지 직전 달의 신고사항 접수 및 처리 결과 등을 [_____]에게 제출해야 한다.

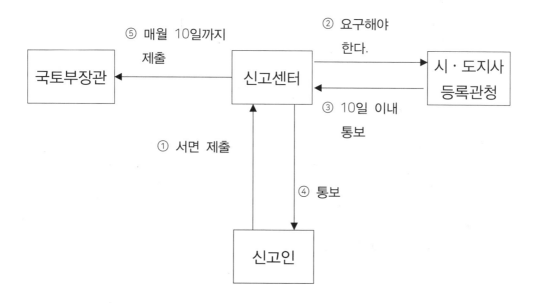

⑥ 다음 각 호의 어느 하나에 해당하는 경우에는 <u>국토교통부장관의 [   ]</u>을 받아 접수된 신고사항의 <u>처리를 종결할 수 있다.</u>

1. 신고내용이 명백히 [   ]인 경우

2. 신고인이 신고사항의 보완요청에 따른 보완을 하지 않은 경우

3. 신고사항의 처리결과를 통보받은 사항에 대하여 정당한 사유 없이 다시 신고한 경우로서 새로운 사실이나 증거자료가 없는 경우

4. 신고내용이 이미 수사기관에서 [   ] 중이거나 [   ]이 계속 중이거나 법원의 [   ]에 의해 확정된 경우

법률 　제32조(중개보수 등)

① 개업공인중개사는 중개업무에 관하여 중개의뢰인으로부터 소정의 보수를 받는다. 다만, 개업공인중개사의 고의 또는 과실로 인하여 중개의뢰인간의 거래행위가 무효·취소 또는 해제된 경우에는 그러하지 아니하다.

② 개업공인중개사는 중개의뢰인으로부터 중개대상물의 권리관계 등의 확인 또는 계약금등의 반환채무이행 보장에 소요되는 실비를 받을 수 있다.

④ 주택(부속토지를 포함한다)의 중개에 대한 보수와 실비의 한도 등에 관하여 필요한 사항은 국토교통부령으로 정하는 범위 안에서 시·도의 조례로 정하고, 주택 외의 중개대상물의 중개에 대한 보수는 국토교통부령으로 정한다.

시행령 　제27조의2(중개보수의 지급시기) 중개보수의 지급시기는 개업공인중개사와 중개의뢰인간의 약정에 따르되, 약정이 없을 때에는 중개대상물의 거래대금 지급이 완료된 날로 한다.

시행규칙 　제20조(중개보수 및 실비의 한도 등)

① 주택의 중개에 대한 보수는 중개의뢰인 쌍방으로부터 각각 받되, 그 일방으로부터 받을 수 있는 한도는 별표 1과 같으며, 그 금액은 시·도의 조례로 정하는 요율한도 이내에서 중개의뢰인과 개업공인중개사가 서로 협의하여 결정한다.

④ 주택 외의 중개대상물에 대한 중개보수는 다음 각 호의 구분에 따른다.

　　1.「건축법 시행령」별표 1에 따른 다음의 요건을 모두 갖춘 오피스텔
　　　가. 전용면적이 85제곱미터 이하일 것
　　　나. 상·하수도 시설이 갖추어진 전용입식 부엌, 전용수세식 화장실 및 목욕시설(전용수세식 화장실에 목욕시설을 갖춘 경우를 포함한다)을 갖출 것
　　[요율] 매매·교환 : 1천분의 5, 임대차 등 : 1천분의 4

　　2. 제1호 외의 경우(85제곱미터 초과 오피스텔, 상가, 토지, 입목, 광업재단, 공장재단) : 중개의뢰인 쌍방으로부터 각각 받되, 거래금액의 1천분의 9 이내에서 중개의뢰인과 개업공인중개사가 서로 협의하여 결정한다.

법 률 제32조(중개보수 등)

① 개업공인중개사는 중개업무에 관하여 중개의뢰인으로부터 소정의 보수를 받는다. 다만, [　　　　　　]의 고의 또는 과실로 인하여 중개의뢰인간의 거래행위가 무효·취소 또는 해제된 경우에는 그러하지 아니하다.

② 개업공인중개사는 중개의뢰인으로부터 중개대상물의 [　　　　] 등의 확인 또는 계약금등의 반환채무이행 보장에 소요되는 [　　　]를 받을 수 있다.

④ 주택(부속토지를 포함한다)의 중개에 대한 보수와 실비의 한도 등에 관하여 필요한 사항은 국토교통부령으로 정하는 범위 안에서 [　　　　　　]로 정하고, 주택 외의 중개대상물의 중개에 대한 보수는 [　　　　　　　]으로 정한다.

시행령 제27조의2(중개보수의 지급시기) 중개보수의 지급시기는 개업공인중개사와 중개의뢰인간의 [　　]에 따르되, 약정이 없을 때에는 중개대상물의 [　　　　] 지급이 완료된 날로 한다.

시행규칙 제20조(중개보수 및 실비의 한도 등)

① 주택의 중개에 대한 보수는 중개의뢰인 쌍방으로부터 [　] 받되, 그 일방으로부터 받을 수 있는 한도는 별표 1과 같으며, 그 금액은 [　　　　　]로 정하는 요율한도 이내에서 중개의뢰인과 개업공인중개사가 서로 [　　]하여 결정한다.

④ 주택 외의 중개대상물에 대한 중개보수는 다음 각 호의 구분에 따른다.

　1. 「건축법 시행령」 별표 1에 따른 다음의 요건을 모두 갖춘 오피스텔
　　가. 전용면적이 [　]제곱미터 이하일 것
　　나. 상·하수도 시설이 갖추어진 전용입식 부엌, 전용수세식 화장실 및 목욕시설(전용수세식 화장실에 목욕시설을 갖춘 경우를 포함한다)을 갖출 것
　　[별표 2] 매매 · 교환 : 1천분의 [　], 임대차 등 : 1천분의 [　]

　2. 제1호 외의 경우(85제곱미터 초과 오피스텔, 상가, 토지, 입목, 광업재단, 공장재단) : 중개의뢰인 쌍방으로부터 각각 받되, 거래금액의 <u>1천분의 [　]</u> 이내에서 중개의뢰인과 개업공인중개사가 서로 협의하여 결정한다.

⑤ 주택 및 주택 외 중개보수에 대한 거래금액의 계산은 다음 각 호에 따른다.

1. 임대차 중 보증금 외에 차임이 있는 경우에는 <u>월 단위의 차임액에 100을 곱한 금액을 보증금에 합산한 금액을 거래금액</u>으로 한다. 다만, 본문의 규정에 따라 <u>합산한 금액이 5천만원 미만인 경우에는 본문의 규정에 불구하고 월 단위의 차임액에 70을 곱한 금액과 보증금을 합산한 금액을 거래금액으로 한다.</u>

2. 교환계약의 경우에는 교환대상 중개대상물 중 <u>거래금액이 큰</u> 중개대상물의 가액을 거래금액으로 한다.

3. <u>동일한 중개대상물</u>에 대하여 <u>동일 당사자간에</u> 매매를 포함한 둘 이상의 거래가 <u>동일 기회에</u> 이루어지는 경우에는 <u>매매계약에 관한 거래금액만을</u> 적용한다.

⑥ 중개대상물인 건축물 중 <u>주택의 면적이 2분의 1이상인 경우에는 주택의 중개보수 규정을 적용</u>하고, 주택의 면적이 2분의 1미만인 경우에는 주택 외의 중개보수 규정을 적용한다.

시행규칙 **제20조(중개보수 및 실비의 한도 등)**

② 중개대상물의 권리관계 등의 확인에 드는 실비는 개업공인중개사가 영수증 등을 첨부하여 <u>매도·임대 그 밖의 권리를 이전하고자 하는 중개의뢰인</u>에게 청구하고, 계약금 등의 반환채무이행 보장에 소요되는 실비의 경우에는 <u>매수·임차 그 밖의 권리를 취득하고자 하는 중개의뢰인</u>에게 청구할 수 있다.

③ 중개대상물의 소재지와 중개사무소의 소재지가 다른 경우에는 개업공인중개사는 <u>중개사무소의 소재지를 관할하는 시·도의 조례에서 정한 기준에 따라 중개보수 및 실비를 받아야 한다.</u>

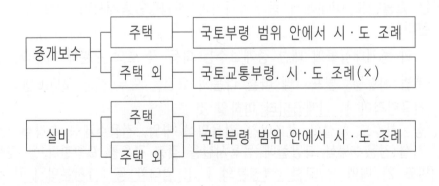

⑤ 주택 및 주택 외 중개보수에 대한 거래금액의 계산은 다음 각 호에 따른다.

1. 임대차 중 보증금 외에 차임이 있는 경우에는 <u>월 단위의 차임액에 100을 곱한</u> <u>금액을 보증금에 합산한 금액을 거래금액으로 한다.</u> 다만, 본문의 규정에 따라 합산한 금액이 [ ]천만원 [ ]인 경우에는 본문의 규정에 불구하고 <u>월 단위의</u> <u>차임액에 [ ]을 곱한 금액과 보증금을 합산한 금액을 거래금액으로 한다.</u>

2. 교환계약의 경우에는 교환대상 중개대상물 중 <u>거래금액이 [ ] 중개대상물의</u> 가액을 거래금액으로 한다.

3. 동일한 중개대상물에 대하여 [ ] 당사자간에 매매를 포함한 둘 이상의 거래가 동일 기회에 이루어지는 경우에는 [ ]계약에 관한 거래금액만을 적용한다.

⑥ 중개대상물인 건축물 중 <u>주택의 면적이 2분의 1 [ ]인 경우에는 주택의 중개</u> <u>보수 규정을 적용하고,</u> 주택의 면적이 2분의 1 [ ]인 경우에는 주택 외의 중개 보수 규정을 적용한다.

시행규칙 **제20조(중개보수 및 실비의 한도 등)**

② <u>중개대상물의 권리관계 등의 확인에 드는 실비는 개업공인중개사가 영수증 등을</u> 첨부하여 [ ]·[ ] 그 밖의 권리를 [ ]하고자 하는 중개의뢰인에게 청구하고, 계약금 등의 반환채무이행 보장에 소요되는 실비의 경우에는 [ ]·[ ] 그 밖의 권리를 [ ]하고자 하는 중개의뢰인에게 청구할 수 있다.

③ 중개대상물의 소재지와 중개사무소의 소재지가 다른 경우에는 개업공인중개사는 [ ]의 소재지를 관할하는 시·도의 조례에서 정한 기준에 따라 중개보수 및 실비를 받아야 한다.

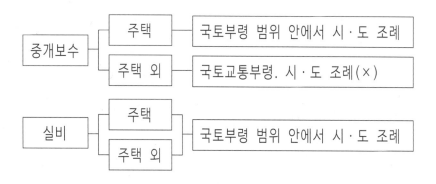

테마 28　부동산거래정보망

법률 제24조(부동산거래정보망의 지정 및 이용)

① 국토교통부장관은 개업공인중개사 상호간에 부동산매매 등에 관한 정보의 공개와 유통을 촉진하고 공정한 부동산거래질서를 확립하기 위하여 부동산거래정보망을 설치·운영할 자를 지정할 수 있다.

② 제1항에 따라 지정을 받을 수 있는 자는 「전기통신사업법」의 규정에 의한 부가통신사업자로서 국토교통부령으로 정하는 요건을 갖춘 자로 한다.

시행규칙 제15조(거래정보사업자의 지정 등)

② 부동산거래정보망을 설치·운영할 자로 지정받으려는 자는 다음 각 호의 요건을 갖추어야 한다.

1. 그 부동산거래정보망의 가입·이용신청을 한 개업공인중개사의 수가 **5백명** 이상이고 **2개** 이상의 **시·도**에서 각각 30인 이상의 개업공인중개사가 가입·이용신청을 하였을 것

2. 정보처리기사 1명 이상을 확보할 것

3. 공인중개사 1명 이상을 확보할 것

4. 부동산거래정보망의 가입자가 이용하는데 지장이 없는 정도로서 국토교통부장관이 정하는 용량 및 성능을 갖춘 컴퓨터설비를 확보할 것

시행규칙 제15조(거래정보사업자의 지정 등)

① 부동산거래정보망을 설치·운영할 자로 지정받으려는 자는 거래정보사업자지정 신청서에 다음의 서류를 첨부하여 국토교통부장관에게 제출하여야 한다.

1. 부가통신사업신고서를 제출하였음을 확인할 수 있는 서류
2. 500명 이상의 개업공인중개사로부터 받은 별지 제17호서식의 부동산거래 정보망가입·이용신청서 및 그 개업공인중개사의 중개사무소등록증 사본
3. 정보처리기사 자격증 사본
4. 공인중개사 자격증 사본
5. 주된 컴퓨터의 용량 및 성능 등을 확인할 수 있는 서류

③ 국토교통부장관은 지정신청을 받은 때에는 지정신청을 받은 날부터 30일 이내에 거래정보사업자지정서를 교부하여야 한다.

법률 **제24조(부동산거래정보망의 지정 및 이용)**

① [_____]은 개업공인중개사 상호간에 부동산매매 등에 관한 정보의 공개와 유통을 촉진하고 공정한 부동산거래질서를 확립하기 위하여 부동산거래정보망을 설치·운영할 자를 지정할 수 있다.

② 제1항에 따라 지정을 받을 수 있는 자는 「전기통신사업법」의 규정에 의한 [_____]로서 [_____]으로 정하는 요건을 갖춘 자로 한다.

시행규칙 **제15조(거래정보사업자의 지정 등)**

② 부동산거래정보망을 설치·운영할 자로 지정받으려는 자는 다음 각 호의 요건을 갖추어야 한다.

  1. 그 부동산거래정보망의 가입·이용신청을 한 개업공인중개사의 수가 [ ]백명 이상이고 [ ]개 이상의 [   ]에서 각각 [   ]인 이상의 개업공인중개사가 가입 ·이용신청을 하였을 것

  2. 정보처리기사 [ ]명 이상을 확보할 것

  3. 공인중개사 [ ]명 이상을 확보할 것

  4. 부동산거래정보망의 가입자가 이용하는데 지장이 없는 정도로서 [_____]이 정하는 용량 및 성능을 갖춘 컴퓨터설비를 확보할 것

시행규칙 **제15조(거래정보사업자의 지정 등)**

① 부동산거래정보망을 설치·운영할 자로 지정받으려는 자는 거래정보사업자지정신청서에 다음의 서류를 첨부하여 [_____]에게 제출하여야 한다.

  1. 부가통신사업신고서를 제출하였음을 확인할 수 있는 서류
  2. 500명 이상의 개업공인중개사로부터 받은 별지 제17호서식의 부동산거래 정보망가입·이용신청서 및 그 개업공인중개사의 [_____] 사본
  3. 정보처리기사 [   ] 사본
  4. 공인중개사 [   ] 사본
  5. 주된 컴퓨터의 용량 및 성능 등을 확인할 수 있는 서류

③ 국토교통부장관은 지정신청을 받은 때에는 지정신청을 받은 날부터 [ ]일 이내에 거래정보사업자지정서를 교부하여야 한다.

③ 거래정보사업자는 <u>지정받은 날부터 3개월 이내에</u> 부동산거래정보망의 이용 및 정보제공방법 등에 관한 <u>운영규정</u>(이하 "운영규정"이라 한다)을 정하여 <u>국토교통부장관의 승인</u>을 얻어야 한다. 이를 <u>변경하고자</u> 하는 때에도 또한 같다.

④ 거래정보사업자는 개업공인중개사로부터 공개를 의뢰받은 중개대상물의 정보에 한정하여 이를 부동산거래정보망에 공개하여야 하며, 의뢰받은 내용과 다르게 정보를 공개하거나 어떠한 방법으로든지 개업공인중개사에 따라 정보가 차별적으로 공개되도록 하여서는 아니된다.

⑤ 국토교통부장관은 거래정보사업자가 다음 각 호의 어느 하나에 해당하는 경우에는 그 <u>지정을 취소할 수 있다.</u>

  1. 거짓이나 그 밖의 부정한 방법으로 지정을 받은 경우

  2. 운영규정의 승인 또는 변경승인을 받지 아니하거나 운영규정을 위반하여 부동산거래정보망을 운영한 경우

  3. 개업공인중개사로부터 공개를 의뢰받지 않은 중개대상물의 정보를 정보망에 공개한 경우, 개업공인중개사로부터 의뢰받은 내용과 다르게 정보를 공개하거나 개업공인중개사에 따라 정보가 차별적으로 공개되도록 한 경우

  4. 개인인 거래정보사업자의 사망 또는 법인인 거래정보사업자의 해산 그 밖의 사유로 부동산거래정보망의 계속적인 운영이 불가능한 경우

  5. 정당한 사유 없이 지정받은 날부터 1년 이내에 부동산거래정보망을 설치·운영하지 아니한 경우

⑥ 국토교통부장관은 개인인 거래정보사업자의 사망 또는 법인인 거래정보사업자의 해산을 제외한 사유로 거래정보사업자 지정을 취소하고자 하는 경우에는 청문을 실시하여야 한다.

⑦ 개업공인중개사는 부동산거래정보망에 중개대상물에 관한 정보를 거짓으로 공개하여서는 아니되며, 해당 중개대상물의 거래가 완성된 때에는 지체 없이 이를 해당 거래정보사업자에게 통보하여야 한다. ▸위반시 순수 업무정지

③ 거래정보사업자는 <u>지정받은 날부터 [ ]개월 이내에</u> 부동산거래정보망의 이용 및 정보제공방법 등에 관한 <u>운영규정</u>(이하 "운영규정"이라 한다)을 정하여 <u>국토교통부장관의 [ ]</u>을 얻어야 한다. 이를 변경하고자 하는 때에도 또한 같다.

④ 거래정보사업자는 [   ]로부터 공개를 의뢰받은 중개대상물의 정보에 한정하여 이를 부동산거래정보망에 공개하여야 하며, 의뢰받은 내용과 다르게 정보를 공개하거나 어떠한 방법으로든지 개업공인중개사에 따라 정보가 [   ]적으로 공개되도록 하여서는 아니된다.

⑤ 국토교통부장관은 거래정보사업자가 다음 각 호의 어느 하나에 해당하는 경우에는 그 지정을 취소[   ].

1. 거짓이나 그 밖의 부정한 방법으로 지정을 받은 경우

2. [   ]의 승인 또는 변경승인을 받지 아니하거나 [   ]을 위반하여 부동산거래정보망을 운영한 경우

3. 개업공인중개사로부터 공개를 의뢰받지 않은 중개대상물의 정보를 정보망에 공개한 경우, 개업공인중개사로부터 의뢰받은 내용과 다르게 정보를 공개하거나 개업공인중개사에 따라 정보가 [   ]적으로 공개되도록 한 경우

4. 개인인 거래정보사업자의 사망 또는 법인인 거래정보사업자의 [   ] 그 밖의 사유로 부동산거래정보망의 계속적인 운영이 불가능한 경우

5. 정당한 사유 없이 지정받은 날부터 [ ]년 이내에 부동산거래정보망을 설치 · 운영하지 아니한 경우

⑥ 국토교통부장관은 개인인 거래정보사업자의 사망 또는 법인인 거래정보사업자의 해산을 제외한 사유로 거래정보사업자 지정을 취소하고자 하는 경우에는 [   ]을 실시하여야 한다.

⑦ 개업공인중개사는 부동산거래정보망에 중개대상물에 관한 정보를 [   ]으로 공개하여서는 아니되며, 해당 중개대상물의 거래가 완성된 때에는 지체 없이 이를 해당 거래정보사업자에게 통보하여야 한다. ‣ 위반시 순수 [   ]

테마 29 ▶ 공인중개사협회

② 협회는 법인으로 한다.

③ 협회는 회원 300인 이상이 발기인이 되어 정관을 작성하여 창립총회의 의결을 거친 후 국토교통부장관의 인가를 받아 그 주된 사무소의 소재지에서 설립등기를 함으로써 성립한다.

④ 협회는 정관으로 정하는 바에 따라 시·도에 지부를, 시(구가 설치되지 아니한 시와 특별자치도의 행정시를 말한다)·군·구에 지회를 둘 수 있다.

① 공인중개사협회를 설립하고자 하는 때에는 발기인이 작성하여 서명·날인한 정관에 대하여 회원 600인 이상이 출석한 창립총회에서 출석한 회원 과반수의 동의를 얻어 국토교통부장관의 설립인가를 받아야 한다.

② 창립총회에는 서울특별시에서는 100인 이상, 광역시·도 및 특별자치도에서는 각각 20인 이상의 회원이 참여하여야 한다.

③ 협회의 설립인가신청에 필요한 서류는 국토교통부령으로 정한다.

① 협회는 총회의 의결내용을 지체 없이 국토교통부장관에게 보고하여야 한다.

② 협회가 그 지부 또는 지회를 설치한 때에는 그 지부는 시·도지사에게, 지회는 등록관청에 신고하여야 한다.

법 률 **제41조(협회의 설립)**

② 협회는 [　　]으로 한다.

③ 협회는 회원 [　　]인 이상이 발기인이 되어 정관을 작성하여 창립총회의 의결을 거친 후 국토교통부장관의 [　　]를 받아 그 주된 사무소의 소재지에서 설립[　　]를 함으로써 성립한다.

④ 협회는 정관으로 정하는 바에 따라 시·도에 [　　]를, 시(구가 설치되지 아니한 시와 특별자치도의 행정시를 말한다)·군·구에 [　　]를 [　　　　　　].

시행령 **제30조(협회의 설립)**

① 공인중개사협회를 설립하고자 하는 때에는 발기인이 작성하여 서명·날인한 정관에 대하여 회원 [　　]인 이상이 출석한 창립총회에서 출석한 회원 과반수의 동의를 얻어 국토교통부장관의 설립인가를 받아야 한다.

② 창립총회에는 서울특별시에서는 [　　]인 이상, 광역시·도 및 특별자치도에서는 각각 [　　]인 이상의 회원이 참여하여야 한다.

③ 협회의 설립인가신청에 필요한 서류는 국토교통부령으로 정한다.

시행령 **제32조(협회의 보고의무)**

① 협회는 총회의 의결내용을 [　　　　] [　　　　　　]에게 보고하여야 한다.

② 협회가 그 지부 또는 지회를 설치한 때에는 그 지부는 [　　　　]에게, 지회는 [　　　　]에 신고하여야 한다.

시행령 **제31조(협회의 업무)** 협회는 법 제41조제1항의 규정에 따른 목적을 달성하기 위하여 다음 각 호의 업무를 수행할 수 있다.

1. 회원의 품위유지를 위한 업무

2. 부동산중개제도의 연구 · 개선에 관한 업무

3. 회원의 자질향상을 위한 지도 및 교육 · 연수에 관한 업무

4. 회원의 윤리헌장 제정 및 그 실천에 관한 업무

5. 부동산 정보제공에 관한 업무

6. 공제사업. 이 경우 공제사업은 비영리사업으로서 회원간의 상호부조를 목적으로 한다.

법 률 **제43조(민법의 준용)** 협회에 관하여 이 법에 규정된 것 외에는 「민법」중 사단법인에 관한 규정을 적용한다.

법 률 **제44조(지도 · 감독 등)**

① 국토교통부장관은 협회와 그 지부 및 지회를 지도 · 감독하기 위하여 필요한 때에는 그 업무에 관한 사항을 보고하게 하거나 자료의 제출 그 밖에 필요한 명령을 할 수 있으며, 소속 공무원으로 하여금 그 사무소에 출입하여 장부 · 서류 등을 조사 또는 검사하게 할 수 있다.

② 제1항에 따라 출입 · 검사 등을 하는 공무원은 국토교통부령으로 정하는 증표를 지니고 상대방에게 이를 내보여야 한다.

시행규칙 **제27조(출입 · 검사시 공무원의 증표)** 법 제44조제2항에서 "국토교통부령으로 정하는 증표"라 함은 공무원증 및 별지 제27호서식의 공인중개사협회조사 · 검사증명서를 말한다.

시행령 **제31조(협회의 업무)** 협회는 법 제41조제1항의 규정에 따른 목적을 달성하기 위하여 다음 각 호의 업무를 수행할 수 있다.

1. 회원의 품위유지를 위한 업무

2. 부동산중개제도의 연구 · 개선에 관한 업무

3. 회원의 자질향상을 위한 지도 및 교육 · 연수에 관한 업무

4. 회원의 윤리헌장 제정 및 그 실천에 관한 업무

5. 부동산 [   ]에 관한 업무

6. 공제사업. 이 경우 공제사업은 [   ]사업으로서 회원간의 상호부조를 목적으로 한다.

법 률 **제43조(민법의 준용)** 협회에 관하여 이 법에 규정된 것 외에는 「민법」중 [   ]법인에 관한 규정을 적용한다.

법 률 **제44조(지도 · 감독 등)**

① [   ]은 협회와 그 지부 및 지회를 지도 · 감독하기 위하여 필요한 때에는 그 업무에 관한 사항을 보고하게 하거나 자료의 제출 그 밖에 필요한 명령을 할 수 있으며, 소속 공무원으로 하여금 그 사무소에 출입하여 장부 · 서류 등을 조사 또는 검사하게 할 수 있다.

② 제1항에 따라 출입 · 검사 등을 하는 공무원은 [   ]으로 정하는 증표를 지니고 상대방에게 이를 내보여야 한다.

시행규칙 **제27조(출입·검사시 공무원의 증표)** 법 제44조제2항에서 "국토교통부령으로 정하는 증표"라 함은 [   ] 및 별지 제27호서식의 공인중개사협회조사 · 검사증명서를 말한다.

법 률 **제42조(공제사업)**

② 협회는 공제사업을 하고자 하는 때에는 공제규정을 제정하여 국토교통부장관의 승인을 얻어야 한다. 공제규정을 변경하고자 하는 때에도 또한 같다.

④ 협회는 공제사업을 다른 회계와 구분하여 별도의 회계로 관리하여야 하며, 책임준비금을 다른 용도로 사용하고자 하는 경우에는 국토교통부장관의 승인을 얻어야 한다.

시행령 **제34조(공제규정)** 법 제42조제3항의 규정에 따라 공제규정에는 다음 각 호의 사항을 정하여야 한다.

2. 회계기준 : 공제사업을 손해배상기금과 복지기금으로 구분하여 각 기금별 목적 및 회계원칙에 부합되는 세부기준을 정한다.

3. 책임준비금의 적립비율 : 공제사고 발생률 및 공제금 지급액 등을 종합적으로 고려하여 정하되, 공제료 수입액의 100분의 10이상으로 정한다.

시행령 **제35조(공제사업 운용실적의 공시)** 협회는 법 제42조제5항에 따라 공제사업의 운용실적을 매 회계연도 종료 후 3개월 이내에 일간신문 또는 협회보에 공시하고 협회의 인터넷 홈페이지에 게시해야 한다.

    ‣ 위반시 : 500만원 이하 과태료

법 률 **제42조의3(조사 또는 검사)** 「금융위원회의 설치 등에 관한 법률」에 따른 금융감독원의 원장은 국토교통부장관의 요청이 있는 경우에는 공제사업에 관하여 조사 또는 검사를 할 수 있다.

    ‣ 불응시 : 500만원 이하 과태료

테마 30   **공제사업**

법 률   **제42조(공제사업)**

② 협회는 공제사업을 하고자 하는 때에는 공제규정을 제정하여 국토교통부장관의 [　　]을 얻어야 한다. 공제규정을 [　　]하고자 하는 때에도 또한 같다.

④ 협회는 공제사업을 다른 회계와 구분하여 별도의 회계로 관리하여야 하며, 책임 준비금을 다른 용도로 사용하고자 하는 경우에는 국토교통부장관의 [　　]을 얻어야 한다.

시행령   **제34조(공제규정)** 법 제42조제3항의 규정에 따라 공제규정에는 다음 각 호의 사항을 정하여야 한다.

  2. 회계기준 : 공제사업을 손해배상기금과 복지기금으로 구분하여 각 기금별 목적 및 회계원칙에 부합되는 세부기준을 정한다.

  3. 책임준비금의 적립비율 : 공제사고 발생률 및 공제금 지급액 등을 종합적으로 고려하여 정하되, [　　] 수입액의 100분의 [　　]이상으로 정한다.

시행령   **제35조(공제사업 운용실적의 공시)** 협회는 법 제42조제5항에 따라 공제 사업의 운용실적을 매 회계연도 종료 후 [　]개월 이내에 일간신문 또는 협회보에 공시하고 협회의 인터넷 홈페이지에 게시해야 한다.

  ‣ 위반시 : [　　]만원 이하 과태료

법 률   **제42조의3(조사 또는 검사)** 「금융위원회의 설치 등에 관한 법률」에 따른 [　　　]의 원장은 국토교통부장관의 요청이 있는 경우에는 공제사업에 관하여 조사 또는 검사를 할 수 있다.

  ‣ 불응시 : [　　]만원 이하 과태료

법 률 **제42조의4(공제사업 운영의 개선명령)** 국토교통부장관은 협회의 공제사업 운영이 적정하지 아니하거나 자산상황이 불량하여 중개사고 피해자 및 공제 가입자 등의 권익을 해칠 우려가 있다고 인정하면 다음 각 호의 조치를 명할 수 있다. ▸불응시 : 500만원 이하 과태료 *암기 : 변변변불손

1. 업무집행방법의 **변**경

2. 자산예탁기관의 **변**경

3. 자산의 장부가격의 **변**경

4. **불**건전한 자산에 대한 적립금의 보유

5. 가치가 없다고 인정되는 자산의 **손**실 처리

법 률 **제42조의5(임원에 대한 제재 등)** 국토교통부장관은 협회의 임원이 다음 각 호의 어느 하나에 해당하여 공제사업을 건전하게 운영하지 못할 우려가 있는 경우 그 임원에 대한 징계·해임을 요구하거나 해당 위반행위를 시정 하도록 명할 수 있다.

1. **개**선명령을 이행하지 아니한 경우

2. **공**제규정을 위반하여 업무를 처리한 경우

3. 재무**건전**성 기준을 지키지 아니한 경우

▸불응시 : 500만원 이하 과태료   *암기 : 개 공 건전 징계 해임 요구

시행령 **제35조의3(재무건전성 기준)**

① 협회는 다음 각 호의 재무건전성기준을 모두 준수하여야 한다.

  1. 지급여력비율은 100분의 100이상을 유지할 것

  2. 구상채권 등 보유자산의 건전성을 정기적으로 분류하고 대손충당금을 적립할 것

② 지급여력비율은 지급여력금액을 지급여력기준금액으로 나눈 비율로 하며, 지급 여력금액과 지급여력기준금액은 다음 각 호와 같다.

③ 국토교통부장관은 재무건전성 기준에 관하여 필요한 세부기준을 정할 수 있다.

법 률 **제42조의4(공제사업 운영의 개선명령)** [   ]은 협회의 공제사업 운영이 적정하지 아니하거나 자산상황이 불량하여 중개사고 피해자 및 공제가입자 등의 권익을 해칠 우려가 있다고 인정하면 다음 각 호의 조치를 명할 수 있다. ▸불응시 : [   ]만원 이하 과태료   *암기 : 변변변불손

1. 업무집행방법의 변경

2. 자산예탁기관의 변경

3. 자산의 장부가격의 변경

4. 불건전한 자산에 대한 적립금의 보유

5. 가치가 없다고 인정되는 자산의 손실 처리

법 률 **제42조의5(임원에 대한 제재 등)** [   ]은 협회의 임원이 다음 각 호의 어느 하나에 해당하여 공제사업을 건전하게 운영하지 못할 우려가 있는 경우 그 <u>임원에 대한 징계·해임을 요구하거나 해당 위반행위를 시정하도록 명할 수 있다.</u>

1. **개**선명령을 이행하지 아니한 경우

2. **공**제규정을 [   ]하여 업무를 처리한 경우

3. 재무**건전**성 기준을 지키지 아니한 경우

▸불응시 : [   ]만원 이하 과태료   *암기 : 개 공 건전 징계 해임 요구

시행령 **제35조의3(재무건전성 기준)**

① 협회는 다음 각 호의 재무건전성기준을 모두 준수하여야 한다.

  1. <u>지급여력비율은 100분의 [   ]이상을 유지할 것</u>

  2. 구상채권 등 보유자산의 건전성을 정기적으로 분류하고 대손충당금을 적립할 것

② 지급여력비율은 지급여력금액을 지급여력기준금액으로 나눈 비율로 하며, 지급여력금액과 지급여력기준금액은 다음 각 호와 같다.

③ [   ]은 재무건전성 기준에 관하여 필요한 세부기준을 정할 수 있다.

`법 률` **제42조의2(운영위원회)**

① 공제사업에 관한 사항을 심의하고 그 업무집행을 감독하기 위하여 협회에 운영위원회를 둔다.

② 운영위원회의 위원은 협회의 임원, 중개업·법률·회계·금융·보험·부동산 분야 전문가, 관계 공무원 및 그 밖에 중개업 관련 이해관계자로 구성하되, 그 수는 19명 이내로 한다.

`시행령` **제35조의2(운영위원회)**

② 운영위원회는 성별을 고려하여 다음 각 호의 사람으로 구성한다. 이 경우 제2호 및 제3호에 해당하는 위원의 수는 전체 위원 수의 3분의 1 미만으로 한다.

  1. 국토교통부장관이 소속 공무원 중에서 지명하는 사람 1명
  2. 협회의 회장
  3. 협회 이사회가 협회의 임원 중에서 선임하는 사람
  4. 생략

③ 제2항 제3호 및 제4호에 따른 위원의 임기는 2년으로 하되 1회에 한하여 연임할 수 있으며, 보궐위원의 임기는 전임자 임기의 남은 기간으로 한다.

④ 운영위원회에는 위원장과 부위원장 각각 1명을 두되, 위원장 및 부위원장은 위원 중에서 각각 호선(互選)한다.

⑤ 운영위원회의 위원장은 운영위원회의 회의를 소집하며 그 의장이 된다.

⑥ 운영위원회의 **부위원장**은 위원장을 보좌하며, 위원장이 부득이한 사유로 그 직무를 수행할 수 없을 때에는 그 직무를 대행한다.

⑦ 운영위원회의 회의는 재적위원 과반수의 출석으로 개의(開議)하고, 출석위원 과반수의 찬성으로 심의사항을 의결한다.

⑧ 운영위원회의 사무를 처리하기 위하여 간사 및 서기를 두되, 간사 및 서기는 공제업무를 담당하는 협회의 직원 중에서 위원장이 임명한다.

⑨ 간사는 회의 때마다 회의록을 작성하여 다음 회의에 보고하고 이를 보관하여야 한다.

법률 **제42조의2(운영위원회)**

① 공제사업에 관한 사항을 심의하고 그 업무집행을 감독하기 위하여 [   ]에 운영 위원회를 둔다.

② 운영위원회의 <u>위원</u>은 협회의 임원, 중개업·법률·회계·금융·보험·부동산 분야 전문가, 관계 공무원 및 그 밖에 중개업 관련 이해관계자로 구성하되, 그 수는 [   ]명 이내로 한다.

시행령 **제35조의2(운영위원회)**

② 운영위원회는 성별을 고려하여 다음 각 호의 사람으로 구성한다. 이 경우 <u>제2호 및 제3호에 해당하는 위원의 수는 전체 위원 수의 [ ]분의 1 미만</u>으로 한다.

  1. 국토교통부장관이 소속 공무원 중에서 지명하는 사람 1명

  2. 협회의 [   ]

  3. 협회 이사회가 협회의 임원 중에서 선임하는 사람

  4. 생략

③ 제2항 제3호 및 제4호에 따른 위원의 임기는 2년으로 하되 [ ]회에 한하여 연임할 수 있으며, 보궐위원의 임기는 전임자 임기의 남은 기간으로 한다.

④ 운영위원회에는 <u>위원장과 [   ]</u> 각각 1명을 두되, <u>위원장 및 부위원장은 위원 중에서 각각 [   ]</u>(互選)한다.

⑤ 운영위원회의 위원장은 운영위원회의 회의를 소집하며 그 의장이 된다.

⑥ 운영위원회의 [   ]은 위원장을 보좌하며, <u>위원장이 부득이한 사유로 그 직무를 수행할 수 없을 때에는 그 직무를 대행한다.</u>

⑦ 운영위원회의 회의는 재적위원 과반수의 출석으로 개의(開議)하고, [   ] 과반수의 찬성으로 심의사항을 의결한다.

⑧ 운영위원회의 사무를 처리하기 위하여 간사 및 서기를 두되, <u>간사 및 서기는 공제업무를 담당하는 협회의 직원 중에서 [   ]이 임명</u>한다.

⑨ [   ]는 회의 때마다 회의록을 작성하여 다음 회의에 보고하고 이를 보관하여야 한다.

법 률 **제45조(업무위탁)** 국토교통부장관, 시·도지사 또는 등록관청은 대통령령으로 정하는 바에 따라 그 업무의 일부를 협회 또는 대통령령으로 정하는 기관에 위탁할 수 있다.

시행령 **제36조(업무의 위탁)**

① 시·도지사는 실무교육, 직무교육 및 연수교육에 관한 업무를 위탁하는 때에는 다음 각 호의 기관 또는 단체 중 국토교통부령으로 정하는 인력 및 시설을 갖춘 기관 또는 단체를 지정하여 위탁하여야 한다.

1. 부동산 관련 학과가 개설된 「고등교육법」에 따른 학교

2. 협회

3. 「공공기관의 운영에 관한 법률」에 따른 공기업 또는 준정부기관

② 시험시행기관장은 공인중개사 시험의 시행에 관한 업무를 다음의 기관에 위탁할 수 있다.

1. 협회

2. 「공공기관의 운영에 관한 법률」에 따른 공기업 또는 준정부기관

③ 시·도지사 또는 시험시행기관장은 제1항 및 제2항에 따라 업무를 위탁한 때에는 위탁받은 기관의 명칭·대표자 및 소재지와 위탁업무의 내용 등을 관보에 고시하여야 한다.

법 률　**제45조(업무위탁)** 국토교통부장관, 시·도지사 또는 등록관청은 대통령령으로 정하는 바에 따라 그 업무의 일부를 협회 또는 대통령령으로 정하는 기관에 위탁할 수 있다.

시행령　**제36조(업무의 위탁)**

① [　　　　　]는 실무교육, 직무교육 및 연수교육에 관한 업무를 위탁하는 때에는 다음 각 호의 기관 또는 단체 중 국토교통부령으로 정하는 인력 및 시설을 갖춘 기관 또는 단체를 지정하여 위탁하여야 한다.

　1. [　　　] 관련 학과가 개설된 「고등교육법」에 따른 [　　]

　2. [　　]

　3. 「공공기관의 운영에 관한 법률」에 따른 [　　] 또는 [　　　]

② 시험시행기관장은 공인중개사 시험의 시행에 관한 업무를 다음의 기관에 위탁할 수 있다.

　1. [　　]

　2. 「공공기관의 운영에 관한 법률」에 따른 [　　] 또는 [　　　]

③ 시·도지사 또는 시험시행기관장은 제1항 및 제2항에 따라 업무를 위탁한 때에는 위탁받은 기관의 명칭·대표자 및 소재지와 위탁업무의 내용 등을 [　　]에 고시하여야 한다.

법 률 **제46조(포상금)** 무거양양양양아교

① 등록관청은 다음 각 호의 어느 하나에 해당하는 자를 <u>등록관청, 수사기관이나</u> <u>부동산거래질서교란행위 신고센터</u>에 신고 또는 고발한 자에 대하여 포상금을 지급할 수 있다.

1. 중개사무소의 개설등록을 하지 아니하고 중개업을 한 자 3-3

2. 거짓이나 그 밖의 부정한 방법으로 중개사무소의 개설등록을 한 자 3-3

3. 중개사무소등록증 또는 공인중개사자격증을 다른 사람에게 양도·대여하거나 다른 사람으로부터 양수·대여받은 자 1-1

4. 개업공인중개사가 아닌 자로서 중개대상물의 표시·광고를 한 자 1-1

5. 거짓으로 거래가 완료된 것처럼 꾸미는 등 시세에 부당한 영향을 주거나 줄 우려가 있는 행위를 한 자, 단체를 구성하여 특정 중개대상물의 중개를 제한 하거나 단체 구성원 이외의 자와 공동중개를 제한하는 행위를 한 자 - 꾸단(3-3)

6. 개업공인중개사등의 업무를 방해한 자(특정 개공에게 중개의뢰X, 현저하게 높게 광고 or 중개하는 특정 개공에게만 의뢰, 특정 가격 이하로 중개의뢰하지 않 도록 하는 행위, 정당한 표시·광고 방해하는 행위, 현저하게 높게 표시·광고하 도록 강요하거나 유도하는 행위) - 5개(3-3)

> 5. 6. : 꾸단 + 5개

② 포상금의 지급에 소요되는 비용은 대통령령으로 정하는 바에 따라 그 <u>일부를 국고</u> <u>에서 보조</u>할 수 있다.

법 률 **제46조(포상금)** 무거양양양양아교

① [   ]은 다음 각 호의 어느 하나에 해당하는 자를 등록관청, [   ]이나 부동산거래질서교란행위 [   ]에 신고 또는 고발한 자에 대하여 포상금을 지급할 수 있다.

1. 중개사무소의 개설등록을 하지 아니하고 중개업을 한 자 3-3

2. 거짓이나 그 밖의 부정한 방법으로 중개사무소의 개설등록을 한 자 3-3

3. 중개사무소등록증 또는 공인중개사자격증을 다른 사람에게 양도·대여하거나 다른 사람으로부터 양수·대여받은 자 1-1

4. 개업공인중개사가 아닌 자로서 중개대상물의 [·   ]를 한 자 1-1

5. 거짓으로 거래가 완료된 것처럼 [   ] 등 시세에 부당한 영향을 주거나 줄 우려가 있는 행위를 한 자, [   ]를 구성하여 특정 중개대상물의 중개를 제한하거나 단체 구성원 이외의 자와 공동중개를 제한하는 행위를 한 자 - 꾸단(3-3)

6. 개업공인중개사등의 업무를 방해한 자(특정 개공에게 중개의뢰X, 현저하게 높게 광고 or 중개하는 특정 개공에게만 의뢰, 특정 가격 이하로 중개의뢰하지 않도록 하는 행위, 정당한 표시·광고 방해하는 행위, 현저하게 높게 표시·광고하도록 강요하거나 유도하는 행위) - 5개(3-3)

> 5. 6. : 꾸단 + 5개

② 포상금의 지급에 소요되는 비용은 대통령령으로 정하는 바에 따라 그 [   ]를 [   ]에서 보조할 수 있다.

시행령 **제36조의2 (포상금)**

① 포상금은 <u>1건당 50만원으로</u> 한다.

② 포상금은 위반행위자가 행정기관에 의하여 발각되기 전에 등록관청이나 수사기관에 신고 또는 고발한 자에게 그 신고 또는 고발사건에 대하여 <u>검사가 공소제기 또는 기소유예의 결정을 한 경우에 한하여</u> 지급한다.

③ 포상금의 지급에 소요되는 비용 중 <u>국고에서 보조할 수 있는 비율은 100분의 50 이내</u>로 한다.

시행규칙 **제28조 (포상금의 지급)**

① 포상금을 지급받으려는 자는 별지 제28호서식의 <u>포상금지급신청서를 등록관청에 제출</u>해야 한다.

② 포상금지급신청서를 제출받은 <u>등록관청은</u> 그 사건에 관한 수사기관의 처분내용을 조회한 후 <u>포상금의 지급을 결정</u>하고, 그 <u>결정일부터 1개월 이내에</u> 포상금을 지급하여야 한다.

③ 등록관청은 하나의 사건에 대하여 <u>2인 이상이 공동으로 신고 또는 고발한 경우</u>에는 <u>포상금을 균등하게 배분</u>하여 지급한다. 다만, 포상금을 지급받을 자가 배분방법에 관하여 <u>미리 합의하여 포상금의 지급을 신청한 경우에는 그 합의된 방법에 따라 지급</u>한다.

④ 등록관청은 하나의 사건에 대하여 <u>2건 이상의 신고 또는 고발이 접수된 경우에는 최초로 신고 또는 고발한 자에게 포상금을 지급</u>한다.

시행령 제36조의2 (포상금)

① 포상금은 1건당 [　　]만원으로 한다.

② 포상금은 위반행위자가 행정기관에 의하여 발각되기 전에 등록관청이나 수사기관에 신고 또는 고발한 자에게 그 신고 또는 고발사건에 대하여 검사가 [　　　　] 또는 [　　　　]의 결정을 한 경우에 한하여 지급한다.

③ 포상금의 지급에 소요되는 비용 중 국고에서 보조할 수 있는 비율은 100분의 [　　] 이내로 한다.

시행규칙 제28조 (포상금의 지급)

① 포상금을 지급받으려는 자는 별지 제28호서식의 포상금지급신청서를 [　　　　　]에 제출해야 한다.

② 포상금지급신청서를 제출받은 등록관청은 그 사건에 관한 수사기관의 처분내용을 조회한 후 포상금의 지급을 결정하고, 그 [　　　　　]부터 [　]개월 이내에 포상금을 지급하여야 한다.

③ 등록관청은 하나의 사건에 대하여 2인 이상이 공동으로 신고 또는 고발한 경우에는 포상금을 [　　　]하게 배분하여 지급한다. 다만, 포상금을 지급받을 자가 배분방법에 관하여 미리 합의하여 포상금의 지급을 신청한 경우에는 그 합의된 방법에 따라 지급한다.

④ 등록관청은 하나의 사건에 대하여 2건 이상의 신고 또는 고발이 접수된 경우에는 [　　]로 신고 또는 고발한 자에게 포상금을 지급한다.

테마 33 ▶ 자격취소

법 률 제35조(자격의 취소) 부양지역

① 시·도지사는 공인중개사가 다음 각 호의 어느 하나에 해당하는 경우에는 그 자격을 취소하여야 한다.

1. **부**정한 방법으로 공인중개사의 자격을 취득한 경우

2. 다른 사람에게 자기의 성명을 사용하여 중개업무를 하게 하거나 공인중개사 자격증을 **양**도 또는 대여한 경우

3. 자격정지처분을 받고 그 자격정**지**기간 중에 중개업무를 행한 경우(다른 개업 공인중개사의 소속공인중개사·중개보조원 또는 법인인 개업공인중개사의 사원·임원이 되는 경우를 포함한다)

4. 공인중개사법을 위반하여 징**역**형의 선고를 받은 경우

5. 공인중개사의 직무와 관련하여 「형법」을 위반(범죄단체 조직, 사문서 위조·변조·행사, 사기, 횡령, 배임)하여 금고 또는 징역형을 선고받은 경우 (집행유예 포함)

② 시·도지사는 공인중개사의 자격을 취소하고자 하는 경우에는 청문을 실시하여야 한다.

③ 공인중개사의 자격이 취소된 자는 자격취소처분을 받은 날부터 7일 이내에 자격증을 교부한 시·도지사에게 공인중개사자격증을 반납하여야 한다.

④ 분실 등의 사유로 인하여 공인중개사자격증을 반납할 수 없는 자는 자격증 반납을 대신하여 그 이유를 기재한 사유서를 시·도지사에게 제출하여야 한다.

시행령 제29조(공인중개사의 자격취소 또는 자격정지)

① 공인중개사의 자격취소처분 및 자격정지처분은 그 자격증을 교부한 시·도지사가 행한다.

② 자격증을 교부한 시·도지사와 공인중개사 사무소의 소재지를 관할하는 시·도지사가 서로 다른 경우에는 공인중개사 사무소의 소재지를 관할하는 시·도지사가 자격취소처분 또는 자격정지처분에 필요한 절차를 모두 이행한 후 자격증을 교부한 시·도지사에게 통보하여야 한다.

③ 시·도지사는 공인중개사의 자격취소처분을 한 때에는 5일 이내에 이를 국토교통부장관과 다른 시·도지사에게 통보하여야 한다.

테마 33 자격취소

법 률 제35조(자격의 취소) 부양지역

① [   ]는 공인중개사가 다음 각 호의 어느 하나에 해당하는 경우에는 그 자격을 취소하여야 한다.

1. **부**정한 방법으로 공인중개사의 자격을 취득한 경우

2. 다른 사람에게 자기의 [   ]을 사용하여 중개업무를 하게 하거나 공인중개사 자격증을 **양**도 또는 대여한 경우

3. 자격정지처분을 받고 그 [   ]기간 중에 중개업무를 행한 경우(다른 개업 공인중개사의 소속공인중개사·중개보조원 또는 법인인 개업공인중개사의 사원·임원이 되는 경우를 포함한다)

4. [   ]을 위반하여 징**역**형의 선고를 받은 경우

5. 공인중개사의 직무와 관련하여 「   」을 위반(범죄단체 조직, 사문서 위조·변조·행사, 사기, 횡령, 배임)하여 [   ] 또는 [   ]형을 선고받은 경우 (집행유예 포함)

② 시·도지사는 공인중개사의 <u>자격을 취소</u>하고자 하는 경우에는 [   ]을 실시하여야 한다.

③ 공인중개사의 자격이 취소된 자는 자격취소처분을 받은 날부터 <u>[ ]일 이내에</u> 자격증을 [   ] 시·도지사에게 공인중개사자격증을 <u>반납</u>하여야 한다.

④ 분실 등의 사유로 인하여 공인중개사자격증을 반납할 수 없는 자는 자격증 반납을 대신하여 그 이유를 기재한 [   ]를 시·도지사에게 제출하여야 한다.

시행령 제29조(공인중개사의 자격취소 또는 자격정지)

① 공인중개사의 자격취소처분 및 [   ]처분은 그 자격증을 [   ] 시·도지사가 행한다.

② 자격증을 교부한 시·도지사와 공인중개사 사무소의 소재지를 관할하는 시·도지사가 서로 다른 경우에는 공인중개사 [   ]의 소재지를 관할하는 시·도지사가 자격취소처분 또는 자격정지처분에 [   ] [   ]를 모두 이행한 후 자격증을 [   ] 시·도지사에게 통보하여야 한다.

③ 시·도지사는 공인중개사의 [   ]처분을 한 때에는 <u>[ ]일 이내에</u> 이를 국토교통부장관과 다른 시·도지사에게 통보하여야 한다.

법률　제36조(자격의 정지)

① 시·도지사는 공인중개사가 소속공인중개사로서 업무를 수행하는 기간 중에 다음 각 호의 어느 하나에 해당하는 경우에는 6개월의 범위 안에서 기간을 정하여 그 자격을 정지할 수 있다.

1. 제33조제1항 각 호에 규정된 금지행위(판매명수/관직쌍투꾸단)를 한 경우

2. 둘 이상의 중개사무소에 소속된 경우

3. 거래계약서에 거래금액 등 거래내용을 거짓으로 기재하거나 서로 다른 둘 이상의 거래계약서를 작성한 경우

4. 중개업무를 수행하고도 중개대상물확인·설명서에 서명 및 날인을 하지 아니한 경우

5. 중개업무를 수행하고도 거래계약서에 서명 및 날인을 하지 아니한 경우

6. 성실·정확하게 중개대상물의 확인·설명을 하지 아니하거나 설명의 근거자료를 제시하지 아니한 경우

7. 인장등록을 하지 아니하거나 등록하지 아니한 인장을 사용한 경우

② 등록관청은 공인중개사가 자격정지 사유의 어느 하나에 해당하는 사실을 알게 된 때에는 지체 없이 그 사실을 시·도지사에게 통보하여야 한다.

③ 제1항에 따른 자격정지의 기준은 국토교통부령으로 정한다.

시행규칙　제22조(자격정지의 기준)

① 법 제36조제3항의 규정에 따른 자격정지의 기준은 별표 1과 같다.

◆ 금이둘 : 6개월　/　서 서 확 인 인 : 3개월

② 시·도지사는 위반행위의 동기·결과 및 횟수 등을 참작하여 제1항의 규정에 따른 자격정지기간의 2분의 1의 범위 안에서 가중 또는 감경할 수 있다. 이 경우 가중하여 처분하는 때에도 자격정지기간은 6개월을 초과할 수 없다.

법 률 제36조(자격의 정지) 금이둘 서서 확인 인

① [   ]는 공인중개사가 소속공인중개사로서 업무를 수행하는 기간 중에 다음 각 호의 어느 하나에 해당하는 경우에는 [   ]개월의 범위 안에서 기간을 정하여 그 자격을 정지할 수 있다.

  1. 제33조제1항 각 호에 규정된 **금**지행위(판매명수/관직쌍투꾸단)를 한 경우

  2. 둘 **이**상의 중개사무소에 [   ]된 경우

  3. 거래계약서에 거래금액 등 거래내용을 거짓으로 기재하거나 [   ] [   ] **둘**이상의 거래계약서를 작성한 경우

  4. 중개업무를 수행하고도 중개대상물확인·설명**서**에 서명 [   ] 날인을 하지 아니한 경우

  5. 중개업무를 수행하고도 거래계약**서**에 서명 [   ] 날인을 하지 아니한 경우

  6. 성실·정확하게 중개대상물의 **확인**·설명을 하지 아니하거나 설명의 근거자료를 제시하지 아니한 경우

  7. **인**장등록을 하지 아니하거나 등록하지 아니한 인장을 사용한 경우

② [   ]은 공인중개사가 [   ] 사유의 어느 하나에 해당하는 사실을 알게 된 때에는 지체 없이 그 사실을 시·도지사에게 통보하여야 한다.

③ 제1항에 따른 자격정지의 기준은 [   ]령으로 정한다.

시행규칙 제22조(자격정지의 기준)

① 법 제36조제3항의 규정에 따른 자격정지의 기준은 별표 1과 같다.

  ◆ 금이둘 : [ ]개월 / 서 서 확 인 인 : [ ]개월

② 시·도지사는 위반행위의 동기·결과 및 횟수 등을 참작하여 제1항의 규정에 따른 자격정지기간의 [ ]분의 1의 범위 안에서 가중 또는 감경할 수 있다. 이 경우 가중하여 처분하는 때에도 자격정지기간은 [ ]개월을 초과할 수 없다.

법 률 **제38조(등록의 취소)**

① 등록관청은 개업공인중개사가 다음 각 호의 어느 하나에 해당하는 경우에는 <u>중개사무소의 개설등록을 취소하여야 한다.</u> → 절대적 등록취소(해결거양이지최오)

1. 개인인 개업공인중개사가 사망하거나 개업공인중개사인 법인이 **해**산한 경우

2. 제10조제1항 **결**격사유에 해당하게 된 경우

> ▶ 피한정후견인 또는 피성년후견인이 된 경우
> ▶ 파산선고를 받은 경우
> ▶ 금고 또는 징역형의 실형을 선고받은 경우
> ▶ 금고 또는 징역형의 집행유예를 선고받은 경우
> ▶ 공인중개사법을 위반하여 300만원 이상의 벌금형을 선고받은 경우
> ▶ 자격이 취소된 경우
> ▶ 법인의 사원 또는 임원이 결격사유에 해당하는 경우로서 그 사유가 발생한 날부터 2개월 이내에 그 사유를 해소하지 아니한 경우

3. **거**짓이나 그 밖의 부정한 방법으로 중개사무소의 개설등록을 한 경우

4. 다른 사람에게 자기의 성명 또는 상호를 사용하여 중개업무를 하게 하거나 중개사무소등록증을 **양**도 또는 대여한 경우

5. **이**중으로 중개사무소의 개설등록을 한 경우

6. 다른 개업공인중개사의 소속공인중개사·중개보조원 또는 개업공인중개사인 법인의 사원·임원이 된 경우(**이**중소속)

7. 업무정**지**기간 중에 중개업무를 하거나 / 자격정**지**처분을 받은 소속공인중개사로 하여금 자격정지기간 중에 중개업무를 하게 한 경우

8. **최**근 1년 이내에 이 법에 의하여 2회 이상 업무정지처분을 받고 다시 업무정지처분에 해당하는 행위를 한 경우

9. 개업공인중개사 및 소속공인중개사를 합한 인원수의 **5**배수를 초과하여 중개보조원을 고용한 경우

법 률   **제38조(등록의 취소)**

① 등록관청은 개업공인중개사가 다음 각 호의 어느 하나에 해당하는 경우에는 중개사무소의 개설등록을 취소하여야 한다. → 절대적 등록취소(**해결거양이지최오**)

1. 개인인 개업공인중개사가 [   ]하거나 개업공인중개사인 법인이 [   ]한 경우

2. 제10조제1항 **결**격사유에 해당하게 된 경우

> ▸ 피한정후견인 또는 피성년후견인이 된 경우
> ▸ 파산선고를 받은 경우
> ▸ 금고 또는 징역형의 실형을 선고받은 경우
> ▸ 금고 또는 징역형의 집행유예를 선고받은 경우
> ▸ [   ]을 위반하여 [   ]만원 이상의 벌금형을 선고받은 경우
> ▸ 자격이 취소된 경우
> ▸ 법인의 사원 또는 임원이 결격사유에 해당하는 경우로서 그 사유가 발생한 날부터 [   ]개월 이내에 그 사유를 해소하지 아니한 경우

3. **거**짓이나 그 밖의 부정한 방법으로 중개사무소의 개설등록을 한 경우

4. 다른 사람에게 자기의 성명 또는 [   ]를 사용하여 중개업무를 하게 하거나 중개사무소등록증을 **양**도 또는 대여한 경우

5. **이**중으로 중개사무소의 개설[   ]을 한 경우

6. 다른 개업공인중개사의 소속공인중개사·중개보조원 또는 개업공인중개사인 법인의 사원·임원이 된 경우(**이중소속**)

7. [   ]기간 중에 중개업무를 하거나 / [   ]처분을 받은 소속공인중개사로 하여금 자격정지기간 중에 중개업무를 하게 한 경우

8. **최**근 1년 이내에 이 법에 의하여 [   ]회 이상 업무정지처분을 받고 다시 [   ]처분에 해당하는 행위를 한 경우

9. 개업공인중개사 및 소속공인중개사를 합한 인원수의 [   ]배수를 초과하여 중개보조원을 고용한 경우

② 등록관청은 개업공인중개사가 다음 각 호의 어느 하나에 해당하는 경우에는 <u>중개사무소의 개설등록을 취소할 수 있다.</u>

→ 임의적 등록취소(미둘금전 보휴 사법최2-2)

1. 등록기준에 **미**달하게 된 경우

2. 거래계약서에 거래금액 등 거래내용을 거짓으로 기재하거나 서로 다른 **둘** 이상의 거래계약서를 작성한 경우

3. 제33조제1항 각 호에 규정된 **금**지행위를 한 경우(판매명수 / 관직쌍투꾸단)

4. **전**속중개계약을 체결한 개업공인중개사가 중개대상물에 관한 정보를 공개하지 아니하거나 중개의뢰인의 비공개요청에도 불구하고 정보를 공개한 경우

5. 손해배상책임을 **보**장하기 위한 조치를 이행하지 아니하고 업무를 개시한 경우

6. 부득이한 사유 없이 계속하여 6개월을 초과하여 **휴**업한 경우

7. 둘 이상의 중개**사**무소를 둔 경우, 임시 중개시설물을 설치한 경우

8. **법**인인 개업공인중개사가 겸업제한 규정을 위반하여 겸업을 한 경우

9. **최**근 1년 이내에 이 법에 의하여 3회 이상 업무정지 또는 과태료의 처분을 받고 다시 업무정지 또는 과태료의 처분에 해당하는 행위를 한 경우(2회 이상 업무정지처분을 받고 다시 업무정지처분에 해당하는 행위를 한 경우[절대적 등록취소가 되는 경우]는 제외한다)

▸ 과과과 + 업(위반) = 임등취	▸ 과과업 + 업(위반) = 임등취
과과과 + 과(위반) = 임등취	과과업 + 과(위반) = 임등취
▸ 과업업 + 업(위반) = 절등취	
과업업 + 과(위반) = 임등취	

10. 개업공인중개사가 조직한 사업자단체 또는 그 구성원인 개업공인중개사가 「독점규제 및 공정거래에 관한 법률」을 위반하여 시정조치 또는 과징금 처분을 최근 **2년** 이내에 **2회** 이상 받은 경우

③ 등록관청은 사망·해산을 제외한 사유로 중개사무소의 개설등록을 취소하고자 하는 경우에는 <u>청문을 실시하여야 한다.</u>

④ 중개사무소의 개설등록이 취소되어 중개사무소등록증을 반납하고자 하는 자는 등록취소처분을 받은 날부터 7일 이내에 등록관청에 그 중개사무소등록증을 반납하여야 한다.

② 등록관청은 개업공인중개사가 다음 각 호의 어느 하나에 해당하는 경우에는 <u>중개사무소의 개설등록을 취소할 수 있다.</u>

→ 임의적 등록취소(미둘금전 보휴 사법최2-2)

1. 등록기준에 [   ]하게 된 경우

2. 거래계약서에 거래금액 등 거래내용을 거짓으로 기재하거나 서로 다른 [   ] 이상의 거래계약서를 작성한 경우

3. 제33조제1항 각 호에 규정된 **금**지행위를 한 경우(판매명수 / 관직쌍투꾸단)

4. [   ]중개계약을 체결한 개업공인중개사가 중개대상물에 관한 정보를 공개하지 아니하거나 중개의뢰인의 비공개요청에도 불구하고 정보를 공개한 경우

5. 손해배상책임을 [   ]하기 위한 조치를 이행하지 아니하고 업무를 개시한 경우

6. 부득이한 사유 없이 계속하여 [   ]개월을 초과하여 **휴**업한 경우

7. 둘 이상의 중개**사**무소를 둔 경우, [   ] 중개시설물을 설치한 경우

8. [   ]인 개업공인중개사가 겸업제한 규정을 위반하여 겸업을 한 경우

9. **최**근 1년 이내에 이 법에 의하여 [   ]회 이상 업무정지 또는 과태료의 처분을 받고 다시 업무정지 또는 과태료의 처분에 해당하는 행위를 한 경우(2회 이상 업무정지처분을 받고 다시 업무정지처분에 해당하는 행위를 한 경우[절대적 등록취소가 되는 경우]는 제외한다)

> ▸ 과과과 + 업(위반) = 임등취   ▸ 과과업 + 업(위반) = [   ]
> 　과과과 + 과(위반) = 임등취   　과과업 + 과(위반) = [   ]
>
> ▸ 과업업 + 업(위반) = [   ]
> 　과업업 + 과(위반) = 임등취

10. 개업공인중개사가 조직한 사업자단체 또는 그 구성원인 개업공인중개사가 「독점규제 및 공정거래에 관한 법률」을 위반하여 시정조치 또는 과징금 처분을 최근 [   ]년 이내에 [   ]회 이상 받은 경우

③ 등록관청은 사망·해산을 제외한 사유로 중개사무소의 개설등록을 취소하고자 하는 경우에는 [   ]을 실시하여야 한다.

④ 중개사무소의 개설등록이 취소되어 중개사무소등록증을 반납하고자 하는 자는 등록취소처분을 받은 날부터 [ ]일 이내에 등록관청에 그 중개사무소등록증을 반납하여야 한다.

법 률 제39조(업무의 정지) 임최결정 셔셔셔 명령 인시

① 등록관청은 개업공인중개사가 다음 각 호의 어느 하나에 해당하는 경우에는 <u>6개월의 범위 안에서 기간을 정하여 업무의 정지를 명할 수 있다</u>. 이 경우 법인인 개업공인중개사에 대하여는 <u>법인 또는 분사무소별로 업무의 정지를 명할 수 있다</u>.

1. 제38조제2항 각 호(**임**의적 등록취소)의 어느 하나에 해당하는 경우

2. **최**근 1년 이내에 이 법에 의하여 2회 이상 업무정지 또는 과태료의 처분을 받고 다시 과태료 처분에 해당하는 행위를 한 경우

   ▶ 과과, 과업, 업업 + 과(위반) = 업무정지

3. **결**격사유에 해당하는 자를 소속공인중개사 또는 중개보조원으로 둔 경우. 다만, 그 사유가 발생한 날부터 2개월 이내에 그 사유를 해소한 경우에는 그러하지 아니하다.

4. 부동산거래정보망에 중개대상물에 관한 **정**보를 거짓으로 공개하거나 / 거래정보사업자에게 공개를 의뢰한 중개대상물의 거래가 완성된 사실을 해당 거래정보사업자에게 통보하지 아니한 경우

5. 국토교통부령으로 정하는 전속중개계약서에 의하지 아니하고 전속중개계약을 체결하거나 계약서를 3년 동안 보존하지 아니한 경우

6. 중개대상물확인·설명**서**를 교부하지 아니하거나 3년 동안 보존하지 아니한 경우, 서명 및 날인을 하지 아니한 경우

7. 적정하게 거래계약**서**를 작성·교부하지 아니하거나 5년 동안 보존하지 아니한 경우, 서명 및 날인을 하지 아니한 경우

8. 보고, 자료의 제출, 조사 또는 검사를 거부·방해 또는 기피하거나 그 밖의 **명령**을 이행하지 아니하거나 거짓으로 보고 또는 자료제출을 한 경우

9. **인**장등록을 하지 아니하거나 등록하지 아니한 인장을 사용한 경우

10. 개업공인중개사가 조직한 사업자단체 또는 그 구성원인 개업공인중개사가 「독점규제 및 공정거래에 관한 법률」을 위반하여 **시**정조치 또는 과징금 처분을 받은 경우

② <u>업무의 정지에 관한 기준은 국토교통부령으로 정한다.</u> [과태료 기준은 대통령령]

③ <u>업무정지처분은 그에 해당하는 사유가 발생한 날부터 3년이 지난 때에는 이를 할 수 없다.</u>

테마 36 | 업무정지

법 률 제39조(업무의 정지) 임최결정 셔셔셔 명령 인시

① 등록관청은 개업공인중개사가 다음 각 호의 어느 하나에 해당하는 경우에는 [ ]개월의 범위 안에서 기간을 정하여 업무의 정지를 명할 수 있다. 이 경우 법인인 개업공인 중개사에 대하여는 법인 또는 [   ]별로 업무의 정지를 명할 수 있다.

1. 제38조제2항 각 호(**임**의적 등록취소)의 어느 하나에 해당하는 경우

2. **최**근 1년 이내에 이 법에 의하여 [ ]회 이상 업무정지 또는 과태료의 처분을 받고 다시 [   ] 처분에 해당하는 행위를 한 경우

   ▶ 과과, 과업, 업업 + 과(위반) = 업무정지

3. **결**격사유에 해당하는 자를 소속공인중개사 또는 중개보조원으로 둔 경우. 다만, 그 사유가 발생한 날부터 [ ]개월 이내에 그 사유를 해소한 경우에는 그러하지 아니하다.

4. 부동산거래정보망에 중개대상물에 관한 **정**보를 [   ]으로 공개하거나 / 거래 정보사업자에게 공개를 의뢰한 중개대상물의 거래가 완성된 사실을 해당 거래 정보사업자에게 [   ]하지 아니한 경우

5. 국토교통부령으로 정하는 전속중개계약**서**에 의하지 아니하고 전속중개계약을 체결하거나 계약서를 [ ]년 동안 보존하지 아니한 경우

6. 중개대상물확인·설명**서**를 [   ]하지 아니하거나 [ ]년 동안 보존하지 아니한 경우, 서명 및 날인을 하지 아니한 경우

7. 적정하게 거래계약**서**를 작성·[   ]하지 아니하거나 [ ]년 동안 보존하지 아니한 경우, 서명 및 날인을 하지 아니한 경우

8. 보고, 자료의 제출, 조사 또는 검사를 거부·방해 또는 기피하거나 그 밖의 [   ]을 이행하지 아니하거나 거짓으로 보고 또는 자료제출을 한 경우

9. [   ]등록을 하지 아니하거나 등록하지 아니한 인장을 사용한 경우

10. 개업공인중개사가 조직한 사업자단체 또는 그 구성원인 개업공인중개사가 「독점규제 및 공정거래에 관한 법률」을 위반하여 **시**정조치 또는 과징금 처분을 받은 경우

② 업무의 정지에 관한 기준은 [   ]령으로 정한다. [과태료 기준은 대통령령]

③ 업무정지처분은 그에 해당하는 사유가 발생한 날부터 [ ]년이 지난 때에는 이를 할 수 없다.

테마 37 　행정제재처분효과의 승계

법률 　제40조(행정제재처분효과의 승계 등)

① 개업공인중개사가 폐업신고 후 다시 중개사무소의 개설등록을 한 때에는 폐업신고 전의 개업공인중개사의 지위를 승계한다.

② 폐업신고 전의 개업공인중개사에 대하여 업무정지 및 과태료의 위반행위를 사유로 행한 행정처분의 효과는 그 <u>처분일부터 1년간</u> 재등록 개업공인중개사에게 승계된다.

　　** 폐업신고 전의 개업공인중개사에 대하여 행한 업무정지 처분 및 과태료 처분의 효과는 그 처분일부터 1년간 재등록한 개업공인중개사에게 승계된다.

③ 재등록 개업공인중개사에 대하여 폐업신고 전의 등록취소 및 업무정지의 위반행위에 대한 행정처분을 할 수 있다. 다만, 다음 각 호의 어느 하나에 해당하는 경우는 그에 따른 행정처분을 할 수 없다.

　　1. 폐업기간이 3년을 초과한 경우 재등록한 개업공인중개사에 대하여 폐업 전의 위반행위에 대하여 등록취소 처분을 할 수 없다.

　　2. 폐업기간이 1년을 초과한 경우 재등록한 개업공인중개사에 대하여 폐업 전의 위반행위에 대하여 업무정지 처분을 할 수 없다.

④ 재등록한 개업공인중개사에 대하여 폐업 전의 사유로 행정처분을 하는 경우에는 폐업기간과 폐업의 사유 등을 고려하여야 한다.

　　** 폐업기간이 3년 이하(업무정지의 경우 1년 이하)인 재등록한 개업공인중개사에 대하여 폐업 전의 위반행위에 대하여 행정처분을 하는 경우에는 폐업기간과 폐업의 사유 등을 고려하여야 한다.

⑤ 개업공인중개사인 법인의 대표자에 관하여는 제1항부터 제4항까지를 준용한다. 이 경우 "개업공인중개사"는 "법인의 대표자"로 본다.

행정제재처분효과의 승계

법 률 **제40조(행정제재처분효과의 승계 등)**

① 개업공인중개사가 폐업신고 후 다시 중개사무소의 개설등록을 한 때에는 폐업신고 전의 개업공인중개사의 지위를 승계한다.

② 폐업신고 전의 개업공인중개사에 대하여 업무정지 및 과태료의 위반행위를 사유로 행한 행정처분의 효과는 그 [   ]부터 [ ]년간 재등록 개업공인중개사에게 승계된다.

> ** 폐업신고 전의 개업공인중개사에 대하여 행한 업무정지 처분 및 과태료 처분의 효과는 그 처분일부터 1년간 재등록한 개업공인중개사에게 승계된다.

③ 재등록 개업공인중개사에 대하여 폐업신고 전의 등록취소 및 업무정지의 위반행위에 대한 행정처분을 할 수 있다. 다만, 다음 각 호의 어느 하나에 해당하는 그에 따른 행정처분을 할 수 없다.

　1. 폐업기간이 [　]년을 초과한 경우 재등록한 개업공인중개사에 대하여 폐업 전의 위반행위에 대하여 등록취소 처분을 할 수 없다.

　2. 폐업기간이 [　]년을 초과한 경우 재등록한 개업공인중개사에 대하여 폐업 전의 위반행위에 대하여 업무정지 처분을 할 수 없다.

④ 재등록한 개업공인중개사에 대하여 폐업 전의 사유로 행정처분을 하는 경우에는 폐업[　]과 폐업의 [　] 등을 고려하여야 한다.

> ** 폐업기간이 3년 이하(업무정지의 경우 1년 이하)인 재등록한 개업공인중개사에 대하여 폐업 전의 위반행위에 대하여 행정처분을 하는 경우에는 폐업기간과 폐업의 사유 등을 고려하여야 한다.

⑤ 개업공인중개사인 법인의 대표자에 관하여는 제1항부터 제4항까지를 준용한다. 이 경우 "개업공인중개사"는 "법인의 대표자"로 본다.

테마 38 　벌칙

법 률 **제48조(벌칙)** 다음 각 호의 어느 하나에 해당하는 자는 3년 이하의 징역 또는 3천만원 이하의 벌금에 처한다. → 무거관직쌍투꾸단 + 5개

1. 중개사무소 개설등록을 하지 않고 중개업을 한 자(**무**)

2. **거**짓 그 밖의 부정한 방법으로 중개사무소 개설등록을 한 자

3. 관계법령에서 양도 · 알선을 금지한 부동산의 분양 · 임대 등과 **관**련 있는 증서를 중개하거나 매매업을 한 자

4. 중개의뢰인과 **직**접거래 또는 거래당사자 **쌍**방대리를 한 자

5. 탈세 등을 목적으로 한 미등기전매를 중개하는 **투**기조장행위 / 관계법령에 따라 전매가 제한된 부동산의 매매를 중개하는 **투**기조장행위를 한 자

6. 부당한 이익을 얻거나 제3자에게 부당한 이익을 얻게 할 목적으로 거짓으로 거래가 완료된 것처럼 **꾸**미는 등 중개대상물의 시세에 부당한 영향을 주거나 줄 우려가 있는 행위를 한 자

7. **단**체를 구성하여 특정 중개대상물에 대하여 중개를 제한하거나 단체 구성원 이외의 자와 공동중개를 제한하는 행위를 한 자

8. 안내문, 온라인 커뮤니티 등을 이용하여 특정 개업공인중개사등에 대한 중개의뢰를 제한하거나 제한을 유도하는 행위를 한 자

9. 안내문, 온라인 커뮤니티 등을 이용하여 중개대상물에 대하여 시세보다 현저하게 높게 표시·광고 또는 중개하는 특정 개업공인중개사등에게만 중개의뢰를 하도록 유도함으로써 다른 개업공인중개사등을 부당하게 차별하는 행위를 한 자

10. 안내문, 온라인 커뮤니티 등을 이용하여 특정 가격 이하로 중개를 의뢰하지 아니하도록 유도하는 행위를 한 자

11. 정당한 사유 없이 개업공인중개사등의 중개대상물에 대한 정당한 표시·광고 행위를 방해하는 행위를 한 자

12. 개업공인중개사등에게 중개대상물을 시세보다 현저하게 높게 표시·광고하 도록 강요하거나 대가를 약속하고 시세보다 현저하게 높게 표시·광고하도록 유도하는 행위를 한 자

테마 38 > 벌칙

법 률 **제48조(벌칙)** 다음 각 호의 어느 하나에 해당하는 자는 3년 이하의 징역 또는 3천만원 이하의 벌금에 처한다. → 무거관직쌍투꾸단 + 5개

1. 중개사무소 개설등록을 하지 않고 중개업을 한 자(**무**)

2. **거**짓 그 밖의 부정한 방법으로 중개사무소 개설등록을 한 자

3. 관계법령에서 양도·알선을 금지한 부동산의 [   ]·임대 등과 [   ] 있는 증서를 중개하거나 매매업을 한 자

4. 중개의뢰인과 [   ]거래 또는 거래당사자 [   ]대리를 한 자

5. 탈세 등을 목적으로 한 미등기전매를 중개하는 [   ]조장행위 / 관계법령에 따라 전매가 제한된 부동산의 매매를 중개하는 [   ]조장행위를 한 자

6. 부당한 이익을 얻거나 제3자에게 부당한 이익을 얻게 할 목적으로 거짓으로 거래가 완료된 것처럼 [   ] 등 중개대상물의 시세에 부당한 영향을 주거나 줄 우려가 있는 행위를 한 자

7. [   ]를 구성하여 특정 중개대상물에 대하여 중개를 제한하거나 [   ] 구성원 이외의 자와 공동중개를 제한하는 행위를 한 자

8. 안내문, 온라인 커뮤니티 등을 이용하여 특정 개업공인중개사등에 대한 중개의뢰를 제한하거나 제한을 유도하는 행위를 한 자

9. 안내문, 온라인 커뮤니티 등을 이용하여 중개대상물에 대하여 시세보다 현저하게 [   ] 표시·광고 또는 중개하는 특정 개업공인중개사등에게만 중개의뢰를 하도록 유도함으로써 다른 개업공인중개사등을 부당하게 차별하는 행위를 한 자

10. 안내문, 온라인 커뮤니티 등을 이용하여 특정 가격 [   ]로 중개를 의뢰하지 아니하도록 유도하는 행위를 한 자

11. 정당한 사유 없이 개업공인중개사등의 중개대상물에 대한 정당한 표시·광고 행위를 [   ]하는 행위를 한 자

12. 개업공인중개사등에게 중개대상물을 시세보다 현저하게 높게 표시·광고하 도록 [   ]하거나 대가를 약속하고 시세보다 현저하게 높게 표시·광고하도록 [   ]하는 행위를 한 자

법 률 **제49조(벌칙)** 다음 각 호의 어느 하나에 해당하는 자는 1년 이하의 징역 또는 1천만원 이하의 벌금에 처한다.

→ 양양이사오 판매명수 의비아아

1. 다른 사람에게 성명을 사용하여 중개업무를 하게 한 자, 자격증을 **양**도한 자, 자격 증을 대여한 자 / 다른 사람의 자격증을 양수받은 자, 대여받은 자

2. 다른 사람에게 자기의 성명 또는 상호를 사용하여 중개업무를 하게 한 자, 중개사무소등록증을 다른 사람에게 **양**도한 자, 대여한 자 / 다른 사람의 성명· 상호를 사용하여 중개업무를 한 자, 중개사무소등록증을 양수받은 자, 대여 받은 자

3. **이중**으로 중개사무소의 개설등록을 한 자 / 둘 **이상**의 중개사무소에 소속된 자

4. 둘 이상의 중개사무소를 둔 자, 임시 중개시설물을 설치한 자

5. 개공 및 소공을 합한 인원수의 **5배수**를 초과하여 중개보조원을 고용한 자

6. 거래상의 중요사항에 관하여 거짓된 언행 그 밖의 방법으로 의뢰인의 **판단**을 그르치게 하는 행위를 한 자

7. 중개대상물의 **매매**를 업으로 한 자

8. 중개사무소 개설등록을 하지 않고 중개업을 하는 자인 사실을 알면서 그를 통하여 중개를 의뢰받은 자 / 중개사무소 개설등록을 하지 않고 중개업을 하는 자인 사실을 알면서 그에게 자기의 **명의**를 이용하게 한 자

9. 중개보**수** 또는 실비를 초과하여 금품을 받은 자

10. 거래정보사업자로서 개업공인중개사로부터 의뢰받지 않은 정보를 공개하거나, 의뢰받은 내용과 다르게 공개하거나 개업공인중개사에 따라 정보를 차별적으로 공개한 자

11. 업무상 알게 된 **비**밀을 누설한 자

12. 개업공인중개사가 아닌 자로서 '공인중개사사무소', '부동산중개' 또는 유사한 명칭을 사용한 자 / 개업공인중개사가 아닌 자로서 중개업을 하기 위해 중개 대상물의 표시·광고를 한 자

13. 공인중개사가 아닌 자로서 공인중개사 또는 이와 유사한 명칭을 사용한 자

법 률 **제49조(벌칙)** 다음 각 호의 어느 하나에 해당하는 자는 1년 이하의 징역 또는 1천만원 이하의 벌금에 처한다.

→ 양양이사오 판매명수 의비아아

1. 다른 사람에게 성명을 사용하여 중개업무를 하게 한 자, 자격증을 **양**도한 자, 자격 증을 대여한 자 / 다른 사람의 자격증을 양수받은 자, 대여받은 자

2. 다른 사람에게 자기의 성명 또는 [   ]를 사용하여 중개업무를 하게 한 자, 중개사무소등록증을 다른 사람에게 **양**도한 자, 대여한 자 / 다른 사람의 성명·상호를 사용하여 중개업무를 한 자, 중개사무소등록증을 양수받은 자, 대여 받은 자

3. [   ]으로 중개사무소의 개설등록을 한 자 / 둘 **이상**의 중개사무소에 [   ]된 자

4. 둘 이상의 중개**사**무소를 [   ] 자, 임시 중개시설물을 설치한 자

5. 개공 및 소공을 합한 인원수의 [   ]배수를 초과하여 중개보조원을 고용한 자

6. 거래상의 중요사항에 관하여 거짓된 언행 그 밖의 방법으로 의뢰인의 [   ]을 그르치게 하는 행위를 한 자

7. 중개대상물의 **매매**를 [   ]으로 한 자

8. 중개사무소 개설등록을 하지 않고 중개업을 하는 자인 사실을 알면서 그를 통하여 중개를 의뢰받은 자 / 중개사무소 개설등록을 하지 않고 중개업을 하는 자인 사실을 알면서 그에게 자기의 [   ]를 이용하게 한 자

9. 중개보**수** 또는 실비를 초과하여 금품을 받은 자

10. 거래정보사업자로서 개업공인중개사로부터 의뢰받지 않은 정보를 공개하거나, 의뢰받은 내용과 [   ] 공개하거나 개업공인중개사에 따라 정보를 [   ]적으로 공개한 자

11. 업무상 알게 된 [   ]을 누설한 자

12. 개업공인중개사가 [   ] 자로서 '공인중개사사무소', '부동산중개' 또는 유사한 명칭을 사용한 자 / 개업공인중개사가 [   ] 자로서 중개업을 하기 위해 중개 대상물의 표시·광고를 한 자

13. 공인중개사가 [   ] 자로서 공인중개사 또는 이와 유사한 명칭을 사용한 자

법 률 **제51조(과태료)** ① 다음 각 호의 어느 하나에 해당하는 자에게는 500만원 이하의 과태료를 부과한다.

→ 연수 알 부당 설명 모모 운명 운명 징검개

1. 시·도지사 - 개공 또는 소공 : 정당한 사유 없이 **연수**교육을 받지 않은 자

2. 등록관청 - 보조원 & 개공 : 의뢰인에게 보조원이라는 사실을 미리 **알**리지 아니한 자 및 개공. 다만, 그 위반행위 방지를 위해 상당한 주의와 감독을 게을리하지 아니한 개공은 과태료X

3. 등록관청 - 개업공인중개사 : 중개대상물에 대하여 **부당**한 표시·광고를 한 자

4. 등록관청 - 개업공인중개사 : 성실·정확하게 확인·**설명**× 설명의 근거자료를 제시하지 아니한 자

5. 국토교통부장관 - 정보통신서비스 제공자 : 정당한 사유 없이 표시·광고 **모니**터링 관련 자료 제출요구에 따르지 아니하여 관련 자료를 제출하지 아니한 자

6. 국토교통부장관 - 정보통신서비스 제공자 : 정당한 사유 없이 **모니**터링 결과에 따라 이 법 위반이 의심되는 표시·광고에 대한 확인 또는 추가정보의 게재 등의 요구에 따르지 아니하여 필요한 조치를 하지 아니한 자

7. 국토교통부장관 - 거래정보사업자 : **운영**규정의 승인× 변경승인× 운영규정 위반한 자

8. 국토교통부장관 - 거래정보사업자 : 조사·검사에 거부·방해·기피하거나, 감독상 **명**령에 불응한 자

9. 국토교통부장관 - 협회 : 공제사업 **운용**실적을 공시하지 아니한 자

10. 국토교통부장관 - 협회 : 조사·검사에 거부·방해·기피하거나, 감독상 **명**령에 불응한 자

11. 국토교통부장관 - 협회 : 임원에 대한 **징계**·해임 요구 또는 시정명령을 이행하지 아니한 자

12. 국토교통부장관 - 협회 : 금융감독원장의 공제사업에 관한 조사 또는 **검**사에 불응한 자

13. 국토교통부장관- 협회 : 국토부장관의 공제사업 **개선**명령을 이행하지 아니한 자

법 률 **제51조(과태료)** ① 다음 각 호의 어느 하나에 해당하는 자에게는 500만원 이하의 과태료를 부과한다.

→ 연수 알 부당 설명 모모 운명 운명 징검개

1. [   ] - 개공 또는 소공 : 정당한 사유 없이 [   ]교육을 받지 않은 자

2. [   ] - 보조원 & 개공 : 의뢰인에게 보조원이라는 사실을 미리 **알**리지 아니한 자 및 개공. 다만, 그 위반행위 방지를 위해 상당한 주의와 감독을 게을리하지 아니한 개공은 과태료X

3. [   ] - 개업공인중개사 : 중개대상물에 대하여 [   ]한 표시·광고를 한 자

4. [   ] - 개업공인중개사 : 성실·정확하게 확인·**설명**× 설명의 근거자료를 제시하지 아니한 자

5. [   ] - 정보통신서비스 제공자 : 정당한 사유 없이 표시·광고 [   ] 관련 자료 제출요구에 따르지 아니하여 관련 자료를 제출하지 아니한 자

6. [   ] - 정보통신서비스 제공자 : 정당한 사유 없이 **모**니터링 결과에 따라 이 법 위반이 의심되는 표시·광고에 대한 확인 또는 추가정보의 게재 등의 요구에 따르지 아니하여 필요한 조치를 하지 아니한 자

7. [   ] - 거래정보사업자 : **운영규정**의 승인× 변경승인× 운영규정 위반한 자

8. [   ] - 거래정보사업자 : 조사·검사에 거부·방해·기피하거나, 감독상 **명**령에 불응한 자

9. [   ] - 협회 : 공제사업 **운용**실적을 공시하지 아니한 자

10. [   ] - 협회 : 조사·검사에 거부·방해·기피하거나, 감독상 **명**령에 불응한 자

11. [   ] - 협회 : 임원에 대한 **징계**·해임 요구 또는 시정명령을 이행 하지 아니한 자

12. [   ] - 협회 : 금융감독원장의 공제사업에 관한 조사 또는 **검**사에 불응한 자

13. [   ] - 협회 : 국토부장관의 공제사업 **개선명령**을 이행하지 아니한 자

② 다음 각 호의 어느 하나에 해당하는 자에게는 100만원 이하의 과태료를 부과한다. → 이보게 반반폐 광고 문자 문자

1. 중개사무소의 **이**전신고를 하지 아니한 자

2. 손해배상책임에 관한 사항을 설명하지 않거나 **보증관계증서사본** 또는 전자문서를 교부하지 아니한 자

3. 중개사무소등록증 등을 **게**시하지 아니한 자

4. 자격취소 후 자격증을 반납하지 아니하거나 자격증을 **반**납할 수 없는 사유서를 제출하지 아니한 자 / 거짓으로 자격증을 반납할 수 없는 사유서를 제출한 자

5. 등록취소 후 등록증을 **반**납하지 아니한 자

6. 3월 초과 휴업, **폐**업, 휴업기간 변경, 중개업의 재개신고를 하지 아니한 자

7. 개업공인중개사로서 중개대상물에 대한 표시·광고를 함에 있어서 중개사무소 및 개업공인중개사에 관한 사항을 표시하지 않은 자 / 인터넷 표시·**광고**를 함에 있어서 중개대상물의 소재지, 면적, 가격 등을 표시하지 아니한 자

8. 개업공인중개사로서 사무소의 명칭에 "공인중개사사무소" 또는 "부동산중개"라는 **문자**를 사용하지 아니한 자 / 옥외 광고물에 성명을 표기하지 아니하거나 거짓으로 표기한 자

9. 부칙상 개업공인중개사로서 사무소의 명칭에 "공인중개사사무소"라는 **문자**를 사용한 자

② 다음 각 호의 어느 하나에 해당하는 자에게는 100만원 이하의 과태료를 부과한다. → 이보게 반반폐 광고 문자 문자

1. 중개사무소의 [   ]신고를 하지 아니한 자

2. 손해배상책임에 관한 사항을 설명하지 않거나 [   ]관계증서사본 또는 전자문서를 교부하지 아니한 자

3. 중개사무소등록증 등을 [   ]하지 아니한 자

4. 자격취소 후 자격증을 [   ]하지 아니하거나 자격증을 [   ]할 수 없는 사유서를 제출하지 아니한 자 / 거짓으로 자격증을 [   ]할 수 없는 사유서를 제출한 자

5. 등록취소 후 등록증을 [   ]하지 아니한 자

6. 3월 초과 휴업, [   ], 휴업기간 변경, 중개업의 [   ]신고를 하지 아니한 자

7. 개업공인중개사로서 중개대상물에 대한 표시·광고를 함에 있어서 [   ] 및 개업공인중개사에 관한 사항을 표시하지 않은 자 / [   ] 표시·**광고**를 함에 있어서 중개대상물의 소재지, 면적, 가격 등을 표시하지 아니한 자

8. 개업공인중개사로서 사무소의 명칭에 "공인중개사사무소" 또는 "부동산중개"라는 [   ]를 사용하지 아니한 자 / 옥외 광고물에 성명을 표기하지 아니하거나 거짓으로 표기한 자

9. 부칙상 개업공인중개사로서 사무소의 명칭에 "공인중개사사무소"라는 **문자**를 사용한 자

테마 1 | 부동산 거래신고 – 부동산등, 신고관청, 신고의무자

법률 제3조(부동산 거래의 신고)

① **거래당사자는** 다음 각 호의 어느 하나에 해당하는 계약을 체결한 경우 그 실제 거래가격 등 대통령령으로 정하는 사항을 거래계약의 체결일부터 30일 이내에 그 권리의 대상인 부동산등의 소재지를 관할하는 시장(구가 설치되지 아니한 시의 시장 및 특별자치시장과 특별자치도 행정시의 시장을 말한다)·군수 또는 구청장(이하 "신고관청"이라 한다)에게 **공동으로 신고하여야 한다.** 다만, 거래당사자 중 일방이 국가, 지방자치단체, 대통령령으로 정하는 자의 경우(이하 "국가등"이라 한다)에는 **국가등이 신고를 하여야 한다.**

시행령 제3조(부동산 거래의 신고)

② 법 제3조제1항 각 호 외의 부분 단서에서 "대통령령으로 정하는 자"란 다음 각 호의 기관을 말한다.

1. 「공공기관의 운영에 관한 법률」에 따른 공공기관
2. 「지방공기업법」에 따른 지방직영기업·지방공사 또는 지방공단

테마 1 ▶ **부동산 거래신고 – 부동산등, 신고관청, 신고의무자**

법 률 **제3조(부동산 거래의 신고)**

① **거래당사자는** 다음 각 호의 어느 하나에 해당하는 계약을 체결한 경우 그 실제 거래가격 등 대통령령으로 정하는 사항을 거래계약의 체결일부터 [   ]일 이내에 그 권리의 대상인 <u>부동산등의 소재지</u>를 관할하는 시장(구가 설치되지 아니한 시의 시장 및 [   ]과 특별자치도 행정시의 시장을 말한다)· 군수 또는 구청장(이하 "[   ]"이라 한다)에게 **공동으로 신고하여야 한다.** 다만, 거래당사자 중 일방이 <u>국가, 지방자치단체, 대통령령으로 정하는 자</u>의 경우(이하 "<u>국가등</u>"이라 한다)에는 [   ]**이 신고를 하여야 한다.**

시행령 **제3조(부동산 거래의 신고)**

② 법 제3조제1항 각 호 외의 부분 단서에서 "대통령령으로 정하는 자"란 다음 각 호의 기관을 말한다.

1. 「공공기관의 운영에 관한 법률」에 따른 <u>공공기관</u>

2. 「지방공기업법」에 따른 <u>지방직영기업</u> · 지방[   ] 또는 지방[   ]

[신고대상 : 부동산등]

1. 토지 또는 건축물의 매매계약

2. 다음의 법률에 따른 부동산에 대한 공급계약

3. 다음의 법률에 따른 공급계약을 통하여 부동산을 공급받는 자로 선정된 지위의 매매계약

   (1) 주택법
   (2) 도시 및 주거환경정비법
   (3) 건축물의 분양에 관한 법률
   (4) 택지개발촉진법
   (5) 도시개발법
   (6) 공공주택 특별법
   (7) 산업입지 및 개발에 관한 법률
   (8) 빈집 및 소규모주택 정비에 관한 특례법

4. 「도시 및 주거환경정비법」에 따른 관리처분계획의 인가로 취득한 입주자로 선정된 지위의 매매계약

5. 「빈집 및 소규모주택 정비에 관한 특례법」에 따른 사업시행계획인가로 취득한 입주자로 선정된 지위의 매매계약

② 거래당사자 중 일방이 신고를 거부하는 경우에는 국토교통부령으로 정하는 바에 따라 단독으로 신고할 수 있다.

③ 「공인중개사법」에 따른 개업공인중개사가 거래계약서를 작성·교부한 경우에는 해당 개업공인중개사가 부동산 거래신고를 하여야 한다. 이 경우 공동으로 중개를 한 경우에는 해당 개업공인중개사가 공동으로 신고하여야 한다.

④ 개업공인중개사 중 일방이 신고를 거부한 경우에는 국토교통부령으로 정하는 바에 따라 단독으로 신고할 수 있다.

⑤ 제1항부터 제4항까지에 따라 신고를 받은 신고관청은 그 신고 내용을 확인한 후 신고인에게 신고필증을 지체 없이 발급하여야 한다.

⑥ 부동산등의 매수인은 신고인이 신고필증을 발급받은 때에 「부동산등기 특별조치법」에 따른 검인을 받은 것으로 본다.

[신고대상 : 부동산등]

1. 토지 또는 건축물의 [   ]계약

2. 다음의 법률에 따른 부동산에 대한 [   ]계약

3. 다음의 법률에 따른 공급계약을 통하여 <u>부동산을 공급받는 자로 선정된</u> <u>지위</u>의 매매계약

> (1) **주택법**
> (2) **도시 및 주거환경정비법**
> (3) [   ]
> (4) **택지개발촉진법**
> (5) **도시개발법**
> (6) [   ]
> (7) [   ]
> (8) **빈집** 및 소규모주택 정비에 관한 특례법

4. 「도시 및 주거환경정비법」에 따른 <u>관리처분계획의 인가로 취득한</u> [   ]로 <u>선정된 지위</u>의 매매계약

5. 「빈집 및 소규모주택 정비에 관한 특례법」에 따른 <u>사업시행계획인가로 취득</u> <u>한 입주자로 선정된 지위</u>의 매매계약

② 거래당사자 중 일방이 신고를 거부하는 경우에는 <u>국토교통부령으로 정하는</u> <u>바에 따라</u> [   ]으로 신고할 수 있다.

③ 「공인중개사법」에 따른 개업공인중개사가 거래계약서를 작성·교부한 경우에는 해당 [   ]가 부동산 거래신고를 하여야 한다. 이 경우 공동으로 중개를 한 경우에는 해당 개업공인중개사가 [   ]으로 신고하여야 한다.

④ 개업공인중개사 중 일방이 신고를 거부한 경우에는 <u>국토교통부령으로 정하는</u> <u>바에 따라</u> 단독으로 신고할 수 있다.

⑤ 제1항부터 제4항까지에 따라 신고를 받은 신고관청은 그 신고 내용을 확인한 후 신고인에게 <u>신고필증을</u> [   ] 발급하여야 한다.

⑥ 부동산등의 매수인은 <u>신고인이 신고필증을 발급받은 때에</u> 「부동산등기 특별 조치법」에 따른 [   ]을 받은 것으로 본다.

제3조(부동산 거래의 신고)

1. 공통신고사항

① 거래당사자의 인적사항

② 매수인이 국내에 주소(거소)를 두지 않을 경우 또는 매수인이 외국인인 경우 그 체류기간 만료일이 잔금 지급일부터 60일 이내인 경우 : 위탁관리인의 인적사항

③ 개업공인중개사가 거래계약서를 작성 · 교부한 경우에는 다음의 사항
   ㉠ 개업공인중개사의 인적사항
   ㉡ 중개사무소의 상호 · 전화번호 및 소재지

④ 계약 체결일, 중도금 지급일 및 잔금 지급일

⑤ 계약의 조건이나 기한이 있는 경우에는 그 조건 또는 기한

⑥ 거래대상 부동산등의 종류

⑦ 거래대상 부동산등의 소재지 · 지번 · 지목 및 면적

⑧ 실제 거래가격

2. 법인이 주택의 거래계약을 체결하는 경우

(1) 법인의 현황에 관한 사항(거래당사자 중 국가등이 포함되어 있거나 거래계약이 공급계약 또는 분양권 매매에 해당하는 경우는 제외한다) – 매도법인 및 매수법인 모두 신고

① 법인의 등기 현황

② 법인과 거래상대방 간의 관계가 다음의 어느 하나에 해당하는지 여부

   ㉠ 거래상대방이 개인인 경우: 그 개인이 해당 법인의 임원이거나 법인의 임원과 친족관계가 있는 경우

   ㉡ 거래상대방이 법인인 경우: 거래당사자인 매도법인과 매수법인의 임원 중 같은 사람이 있거나 임원 간 친족관계가 있는 경우

시행령 제3조(부동산 거래의 신고)

1. 공통신고사항

① 거래당사자의 인적사항

② 매수인이 국내에 주소(거소)를 두지 않을 경우 또는 매수인이 외국인인 경우 그 체류기간 만료일이 잔금 지급일부터 60일 이내인 경우 : [   ]의 인적사항

② 개업공인중개사가 거래계약서를 작성·교부한 경우에는 다음의 사항
  ㉠ 개업공인중개사의 인적사항
  ㉡ 중개사무소의 [   ]·[   ] 및 [   ]

③ 계약 체결일, 중도금 지급일 및 잔금 지급일

④ 계약의 [   ]이나 [   ]이 있는 경우에는 그 [   ] 또는 [   ]

⑤ 거래대상 부동산등의 [   ]

⑥ 거래대상 부동산등의 소재지·지번·지목 및 [   ]

⑦ 실제 거래가격

2. 법인이 [   ]의 거래계약을 체결하는 경우

(1) 법인의 현황에 관한 사항(거래당사자 중 국가등이 포함되어 있거나 거래계약이 공급계약 또는 분양권 매매에 해당하는 경우는 제외한다) – 매도법인 및 매수법인 모두 신고

① 법인의 [   ] 현황

② 법인과 거래상대방 간의 [   ]가 다음의 어느 하나에 해당하는지 여부

  ㉠ 거래상대방이 개인인 경우: 그 개인이 해당 법인의 임원이거나 법인의 임원과 친족관계가 있는 경우

  ㉡ 거래상대방이 법인인 경우: 거래당사자인 매도법인과 매수법인의 임원 중 같은 사람이 있거나 임원 간 친족관계가 있는 경우

(2) **주택의 매수법인만 추가로 신고해야 할 사항**

① 거래대상인 주택의 <u>취득목적</u>

② 임대 등 거래대상 <u>주택의 이용계획</u>

③ 거래대상 주택의 취득에 필요한 <u>자금의 조달계획 및 지급방식</u>. 이 경우 <u>투기과열지구에 소재하는 주택의 거래계약을 체결한 경우에는 자금의 조달 계획을 증명하는 서류를 첨부</u>해야 한다.

3. **법인 외의 자가 실제 거래가격이 6억원 이상인 주택을 매수하거나 투기 과열지구 또는 조정대상지역에 소재하는 주택을 매수하는 경우(매수인 중 국가등이 포함되어 있는 경우는 제외한다)**

① 거래대상 주택의 취득에 필요한 <u>자금의 조달계획 및 지급방식</u>. 이 경우 투기과열지구에 소재하는 주택의 거래계약을 체결한 경우 매수자는 <u>자금의 조달계획을 증명하는 서류를 첨부</u>해야 한다.

② 거래대상 주택에 매수자 본인이 입주할지 여부, 입주 예정 시기 등 거래 대상 주택의 이용계획

4. **실제 거래가격이 다음의 금액 이상인 토지를 매수하는 경우(매수인 중 국가등이 포함되어 있는 경우는 제외한다)**

– 수도권등(수도권, 광역시, 세종특별자치시)에 소재하는 토지의 경우 : 1억원, 단 지분으로 매수하는 경우에는 모든 가격의 토지

– 수도권등 외의 지역에 소재하는 토지의 경우 : 6억원, 지분으로 매수하는 경우에도 6억원

① 거래대상 토지의 취득에 필요한 자금의 조달계획

② 거래대상 토지의 이용계획

(2) **주택의 매수법인만 추가로 신고해야 할 사항**

① 거래대상인 주택의 취득[   ]

② 임대 등 거래대상 주택의 [   ]계획

③ 거래대상 주택의 취득에 필요한 자금의 [   ]계획 및 [   ]. 이 경우 [   ]에 소재하는 주택의 거래계약을 체결한 경우에는 자금의 조달 계획을 증명하는 서류를 첨부해야 한다.

3. 법인 외의 자가 실제 거래가격이 [ ]억원 이상인 주택을 매수하거나 [   ] 또는 [   ]에 소재하는 주택을 매수하는 경우(매수인 중 국가등이 포함되어 있는 경우는 제외한다)

① 거래대상 주택의 취득에 필요한 자금의 [   ]계획 및 [   ]. 이 경우 [   ]에 소재하는 주택의 거래계약을 체결한 경우 매수자는 자금의 조달계획을 증명하는 서류를 첨부해야 한다.

② 거래대상 주택에 매수자 본인이 [   ]할지 여부, 입주 예정 시기 등 거래대상 주택의 [   ]계획

4. 실제 거래가격이 다음의 금액 이상인 토지를 매수하는 경우(매수인 중 국가등이 포함되어 있는 경우는 제외한다)

- 수도권등(수도권, 광역시, 세종특별자치시)에 소재하는 토지의 경우 : [ ]억원, 단 지분으로 매수하는 경우에는 모든 가격의 토지

- 수도권등 외의 지역에 소재하는 토지의 경우 : [ ]억원, 지분으로 매수하는 경우에도 6억원

① 거래대상 토지의 취득에 필요한 [   ]의 조달계획

② 거래대상 토지의 [   ]계획

시행규칙 **제2조(부동산 거래의 신고)**

① **거래당사자 공동신고** : 부동산 거래계약을 신고하려는 <u>거래당사자</u>는 부동산거래 계약 신고서에 <u>공동으로 서명 또는 날인하여</u> 신고관청에 제출하여야 한다.

② **국가등의 단독신고** : 단독으로 부동산 거래계약을 신고하려는 <u>국가, 공공기관, 지방자치단체, 지방직영기업·지방공사 또는 지방공단(국가등)</u>은 부동산거래계약 신고서에 단독으로 서명 또는 날인하여 신고관청에 제출해야 한다.

③ **일방의 신고 거부** : 거래당사자 중 일방이 신고를 거부하거나 공동중개 한 개업 공인중개사 중 일방이 신고를 거부하여 단독으로 부동산 거래계약을 신고하려는 자는 부동산거래계약 신고서에 단독으로 서명 또는 날인한 후 <u>다음의 서류를 첨부</u>하여 신고관청에 제출해야 한다. 이 경우 신고관청은 단독신고 사유에 해당 하는지 여부를 확인해야 한다.

   1. 부동산 거래계약서 사본   2. 단독신고사유서

④ **중개거래** : 부동산 거래계약을 신고하려는 개업공인중개사는 부동산거래계약 신 고서에 서명 또는 날인하여 신고관청에 제출하여야 한다. 이 경우 공동중개를 한 경우에는 해당 개업공인중개사가 공동으로 서명 또는 날인하여야 한다.

⑤ **법인신고서 제출** : 법인이 주택의 거래계약을 체결하고 법인의 현황에 관한 사항을 신고해야 하는 경우에는 <u>부동산거래계약 신고서를 제출할 때</u> 법인 주택 거래계약 신고서(법인 신고서)를 신고관청에 <u>함께 제출</u>해야 한다.

⑥ **주택 취득자금 조달계획 및 지급방식을 신고하는 경우** : 부동산거래계약 신고 서를 제출할 때 <u>매수인이 단독으로 서명 또는 날인한 주택취득자금 조달 및 입주계획서(자금조달·입주계획서)</u>를 신고관청에 <u>함께 제출</u>해야 한다. 이 경우 투기과열지구에 소재하는 주택의 거래계약을 체결한 경우에는 자금조달·입주 계획서에 <u>자금의 조달계획을 증명</u>하는 서류를 첨부해야 한다.

⑨ **분리 제출 희망** : 법인신고서 등을 <u>거래계약의 체결일부터 30일 이내</u>에 별도로 제출할 수 있다.

⑩ **법인신고서 및 자금조달·입주계획서 제공** : 법인 또는 매수인 외의 자가 법인 신고서 등을 제출하는 경우 법인 또는 매수인은 신고하려는 자에게 <u>거래계약 의 체결일부터 25일 이내</u>에 법인 신고서 또는 자금조달·입주계획서를 제공해야 한다.

시행규칙 제2조(부동산 거래의 신고)

① **거래당사자 공동신고** : 부동산 거래계약을 신고하려는 <u>거래당사자</u>는 부동산거래 계약 신고서에 [   ]으로 서명 또는 날인하여 신고관청에 제출하여야 한다.

② **국가등의 단독신고** : 단독으로 부동산 거래계약을 신고하려는 <u>국가, 공공기관, 지방자치단체, 지방직영기업ㆍ지방공사 또는 지방공단(국가등)</u>은 부동산거래계약 신고서에 [   ]으로 서명 또는 날인하여 신고관청에 제출해야 한다.

③ **일방의 신고 거부** : 거래당사자 중 일방이 신고를 거부하거나 공동중개 한 개업 공인중개사 중 일방이 신고를 거부하여 단독으로 부동산 거래계약을 신고하려는 자는 부동산거래계약 신고서에 단독으로 서명 또는 날인한 후 <u>다음의 서류를 첨부</u>하여 신고관청에 제출해야 한다. 이 경우 신고관청은 단독신고 사유에 해당 하는지 여부를 확인해야 한다.

　　1. 부동산 [   ] 사본　　　2. 단독신고사유서

④ **중개거래** : 부동산 거래계약을 신고하려는 개업공인중개사는 부동산거래계약 신 고서에 서명 또는 날인하여 신고관청에 제출하여야 한다. 이 경우 공동중개를 한 경우에는 해당 개업공인중개사가 [   ]으로 서명 또는 날인하여야 한다.

⑤ **법인신고서 제출** : 법인이 [   ]의 거래계약을 체결하고 법인의 현황에 관한 사항을 신고해야 하는 경우에는 <u>부동산거래계약 신고서를 제출할 때</u> 법인 주택 거래계약 신고서(법인 신고서)를 신고관청에 <u>함께 제출</u>해야 한다.

⑥ **주택 취득자금 조달계획 및 지급방식을 신고하는 경우** : 부동산거래계약 신고 서를 제출할 때 <u>매수인이</u> [   ]으로 서명 또는 날인한 <u>주택취득자금 조달 및 입주계획서(자금조달ㆍ입주계획서)</u>를 신고관청에 <u>함께 제출</u>해야 한다. 이 경우 [   ]에 소재하는 주택의 거래계약을 체결한 경우에는 자금조달ㆍ입주 계획서에 <u>자금의 조달계획을 증명하는 서류</u>를 첨부해야 한다.

⑨ **분리 제출 희망** : 법인신고서 등을 <u>거래계약의 체결일부터</u> [   ]일 이내에 별도로 제출할 수 있다.

⑩ **법인신고서 및 자금조달ㆍ입주계획서 제공** : 법인 또는 매수인 외의 자가 법인 신고서 등을 제출하는 경우 법인 또는 매수인은 신고하려는 자에게 <u>거래계약 의 체결일부터</u> [   ]일 이내에 법인 신고서 또는 자금조달ㆍ입주계획서를 <u>제공</u>해야 한다.

부동산 거래의 해제등 신고

법 률 제3조의2(부동산 거래의 해제등 신고)

① 거래당사자는 부동산 거래신고를 한 후 해당 거래계약이 해제, 무효 또는 취소(이하 "해제등"이라 한다)된 경우 해제등이 확정된 날부터 30일 이내에 해당 신고관청에 공동으로 신고하여야 한다. 다만, 거래당사자 중 일방이 신고를 거부하는 경우에는 국토교통부령으로 정하는 바에 따라 단독으로 신고할 수 있다.

② 개업공인중개사가 부동산 거래신고를 한 경우에는 개업공인중개사가 해제등 신고를 할 수 있다. 다만, 개업공인중개사 중 일방이 신고를 거부한 경우에는 국토교통부령으로 정하는 바에 따라 단독으로 신고할 수 있다.

테마 5 신고 내용의 검증, 신고 내용의 조사 등

법 률 제5조(신고 내용의 검증)

① 국토교통부장관은 제3조에 따라 신고받은 내용, 「부동산 가격공시에 관한 법률」에 따라 공시된 토지 및 주택의 가액, 그 밖의 부동산 가격정보를 활용하여 부동산거래가격 검증체계를 구축·운영하여야 한다.

③ 신고관청은 제2항에 따른 검증 결과를 해당 부동산의 소재지를 관할하는 세무관서의 장에게 통보하여야 하며, 통보받은 세무관서의 장은 해당 신고 내용을 국세 또는 지방세 부과를 위한 과세자료로 활용할 수 있다.

법 률 제6조(신고 내용의 조사 등)

② 신고관청은 신고 내용의 조사 결과를 시·도지사에게 보고하여야 한다.

시행규칙 제6조(신고 내용의 조사 등)

④ 시·도지사는 신고관청이 보고한 내용을 취합하여 매월 1회 국토교통부장관에게 보고하여야 한다.

③ 국토교통부장관은 부동산 거래신고, 해제등 신고, 외국인등의 부동산등 취득신고받은 내용의 확인을 위하여 필요한 때에는 신고내용조사를 직접 또는 신고관청과 공동으로 실시할 수 있다.

테마 4 ▷ 부동산 거래의 해제등 신고

법 률 제3조의2(부동산 거래의 해제등 신고)

① 거래당사자는 부동산 거래신고를 한 후 해당 거래계약이 해제, 무효 또는 취소(이하 "해제등"이라 한다)된 경우 해제등이 확정된 날부터 [   ]일 이내에 해당 신고관청에 공동으로 신고하여야 한다. 다만, 거래당사자 중 일방이 신고를 거부하는 경우에는 국토교통부령으로 정하는 바에 따라 단독으로 신고할 수 있다.

② 개업공인중개사가 부동산 거래신고를 한 경우에는 개업공인중개사가 해제등 신고를 [   ]. 다만, 개업공인중개사 중 일방이 신고를 거부한 경우에는 국토교통부령으로 정하는 바에 따라 단독으로 신고할 수 있다.

테마 5 ▷ 신고 내용의 검증, 신고 내용의 조사 등

법 률 제5조(신고 내용의 검증)

① [   ]은 제3조에 따라 신고받은 내용, 「부동산 가격공시에 관한 법률」에 따라 공시된 토지 및 주택의 가액, 그 밖의 부동산 가격정보를 활용하여 부동산거래가격 검증체계를 구축·운영하여야 한다.

③ 신고관청은 제2항에 따른 검증 결과를 해당 부동산의 소재지를 관할하는 [   ]에게 통보하여야 하며, 통보받은 세무관서의 장은 해당 신고 내용을 국세 또는 지방세 부과를 위한 과세자료로 활용할 수 있다.

법 률 제6조(신고 내용의 조사 등)

② 신고관청은 신고 내용의 조사 결과를 시·도지사에게 보고하여야 한다.

시행규칙 제6조(신고 내용의 조사 등)

④ 시·도지사는 신고관청이 보고한 내용을 취합하여 [   ] 국토교통부장관에게 보고하여야 한다.

③ 국토교통부장관은 부동산 거래신고, 해제등 신고, 외국인등의 부동산등 취득신고 받은 내용의 확인을 위하여 필요한 때에는 신고내용조사를 [   ] 또는 신고관청과 [   ]으로 실시할 수 있다.

테마 6 ▶ 정정신청 및 변경신고

시행규칙 **제3조(부동산 거래계약 신고 내용의 정정 및 변경)**

① 부동산 거래계약 신고 내용 중 다음의 어느 하나에 해당하는 사항이 <u>잘못 기재된 경우</u>에는 신고관청에 신고 내용의 **정정을 신청**할 수 있다.

　　[전주상사 비대 종류 지지면]

　1. 거래당사자의 **주소 · 전화번호** 또는 휴대전화번호

　2. 개업공인중개사의 **전화번호 · 상호** 또는 **사무소** 소재지

　3. 거래 지분 **비율**, **대지권비율**

　4. 거래대상 건축물의 **종류**

　5. 거래대상 부동산등의 **지목**, 거래 **지분**, **면적**

③ 거래당사자 또는 개업공인중개사는 부동산 거래계약 신고 내용 중 다음 각 호의 어느 하나에 해당하는 사항이 <u>변경된 경우</u>에는 「부동산등기법」에 따른 부동산에 관한 등기신청 전에 신고관청에 신고 내용의 **변경을 신고**할 수 있다.

　　[비지면 조가중잔 제외 위]

　1. 거래 지분 **비율**

　2. 거래 **지분**

　3. 거래대상 부동산등의 **면적**

　4. 계약의 **조건** 또는 기한

　5. 거래**가격**

　6. **중도금 · 잔금** 및 지급일

　7. 공동매수의 경우 일부 매수인의 변경(매수인 중 일부가 **제외**되는 경우만 해당한다)

　8. 거래대상 부동산등이 다수인 경우 일부 부동산등의 변경(거래대상 부동산등 중 일부가 **제외**되는 경우만 해당한다)

　9. 위탁관리인의 성명, 주민등록번호, 주소 및 전화번호

시행규칙 **제3조(부동산 거래계약 신고 내용의 정정 및 변경)**

① 부동산 거래계약 신고 내용 중 다음의 어느 하나에 해당하는 사항이 <u>잘못 기재된</u> <u>경우</u>에는 신고관청에 신고 내용의 **정정을 신청**할 수 있다.

[전주상사 비대 종류 지지면]

1. 거래당사자의 **주소** · **전화번호** 또는 휴대전화번호

2. 개업공인중개사의 **전화번호** · [   ] 또는 [   ]

3. 거래 지분 **비**율, [   ]

4. 거래대상 건축물의 **종류**

5. 거래대상 부동산등의 [   ], [   ], [   ]

③ 거래당사자 또는 개업공인중개사는 부동산 거래계약 신고 내용 중 다음 각 호의 어느 하나에 해당하는 사항이 <u>변경된 경우</u>에는 「부동산등기법」에 따른 부동산에 관한 등기신청 전에 신고관청에 신고 내용의 **변경을 신고**할 수 있다.

[비지면 조가중잔 제외 위]

1. 거래 지분 **비**율

2. [   ]

3. 거래대상 부동산등의 [   ]

4. 계약의 **조**건 또는 기한

5. [   ]

6. **중**도금 · **잔**금 및 지급일

7. 공동매수의 경우 일부 매수인의 변경(매수인 중 일부가 [   ]되는 경우만 해당한다)

8. 거래대상 부동산등이 다수인 경우 일부 부동산등의 변경(거래대상 부동산등 중 일부가 [   ]되는 경우만 해당한다)

9. [   ]의 성명, 주민등록번호, 주소 및 전화번호

테마 7 **주택 임대차 계약의 신고**

법 률 **제6조의2(주택 임대차 계약의 신고)**

① 임대차계약당사자는 주택(주택임대차보호법에 따른 주택을 말하며, 주택을 취득할 수 있는 권리를 포함한다)에 대하여 아래에 정하는 금액을 초과하는 임대차 계약을 체결한 경우 그 보증금 또는 차임 등을 임대차 계약의 체결일부터 30일 이내에 주택 소재지를 관할하는 신고관청에 공동으로 신고하여야 한다. 다만, 임대차계약당사자 중 일방이 국가등인 경우에는 국가등이 신고하여야 한다.

시행령 **제4조의3(주택 임대차 계약의 신고)**

① 보증금이 6천만원을 초과하거나 월 차임이 30만원을 초과하는 주택 임대차 계약(계약을 갱신하는 경우로서 보증금 및 차임의 증감 없이 임대차 기간만 연장하는 계약은 제외한다)을 말한다.

② 주택 임대차 계약의 신고는 다음에 정하는 지역에 적용한다. 특별자치시·특별자치도·시·군(광역시 및 경기도의 관할구역에 있는 군으로 한정한다)·자치구를 말한다.

③ 임대차계약당사자 중 일방이 신고를 거부하는 경우에는 국토교통부령으로 정하는 바에 따라 단독으로 신고할 수 있다.

④ 신고를 받은 신고관청은 그 신고 내용을 확인한 후 신고인에게 신고필증을 지체 없이 발급하여야 한다.

⑤ 신고관청은 위에 따른 사무에 대한 해당 권한의 일부를 그 지방자치단체의 조례로 정하는 바에 따라 읍·면·동장 또는 출장소장에게 위임할 수 있다.

법 률 **제6조의3(주택 임대차 계약의 변경 및 해제 신고)**

① 임대차계약당사자는 주택 임대차 계약을 신고한 후 해당 주택 임대차 계약의 보증금, 차임 등 임대차 가격이 변경되거나 임대차 계약이 해제된 때에는 변경 또는 해제가 확정된 날부터 30일 이내에 해당 신고관청에 공동으로 신고하여야 한다. 다만, 일방이 국가등인 경우에는 국가등이 신고하여야 한다.

② 임대차계약당사자 중 일방이 신고를 거부하는 경우에는 국토교통부령으로 정하는 바에 따라 단독으로 신고할 수 있다.

테마 7 **주택 임대차 계약의 신고**

법률 제6조의2(주택 임대차 계약의 신고)

① 임대차계약당사자는 주택(주택임대차보호법에 따른 주택을 말하며, 주택을 취득할 수 있는 [   ]를 포함한다)에 대하여 아래에 정하는 금액을 초과하는 임대차 계약을 체결한 경우 그 보증금 또는 차임 등을 임대차 계약의 체결일부터 [   ]일 이내에 주택 소재지를 관할하는 신고관청에 공동으로 신고하여야 한다. 다만, 임대차계약당사자 중 일방이 국가등인 경우에는 [   ]이 신고하여야 한다.

시행령 제4조의3(주택 임대차 계약의 신고)

① 보증금이 [ ]천만원을 초과하거나 월 차임이 [ ]만원을 초과하는 주택 임대차 계약(계약을 갱신하는 경우로서 보증금 및 차임의 증감 없이 임대차 기간만 연장하는 계약은 [   ]한다)을 말한다.

② 주택 임대차 계약의 신고는 다음에 정하는 지역에 적용한다. 특별자치시·특별자치도·시·군([   ] 및 [   ]의 관할구역에 있는 군으로 한정한다)·자치구를 말한다.

③ 임대차계약당사자 중 일방이 신고를 거부하는 경우에는 국토교통부령으로 정하는 바에 따라 단독으로 신고할 수 있다.

④ 신고를 받은 신고관청은 그 신고 내용을 확인한 후 신고인에게 신고필증을 지체 없이 발급하여야 한다.

⑤ 신고관청은 위에 따른 사무에 대한 해당 권한의 일부를 그 지방자치단체의 조례로 정하는 바에 따라 읍·면·동장 또는 출장소장에게 위임할 수 있다.

법률 제6조의3(주택 임대차 계약의 변경 및 해제 신고)

① 임대차계약당사자는 주택 임대차 계약을 신고한 후 해당 주택 임대차 계약의 보증금, 차임 등 임대차 가격이 변경되거나 임대차 계약이 해제된 때에는 변경 또는 해제가 확정된 날부터 [ ]일 이내에 해당 신고관청에 공동으로 신고하여야 한다. 다만, 일방이 국가등인 경우에는 국가등이 신고하여야 한다.

② 임대차계약당사자 중 일방이 신고를 거부하는 경우에는 국토교통부령으로 정하는 바에 따라 단독으로 신고할 수 있다.

법 률 제6조의5(다른 법률에 따른 신고 등의 의제)

① 임차인이 「주민등록법」에 따라 전입신고를 하는 경우 이 법에 따른 주택 임대차 계약의 신고를 한 것으로 본다.

② 「공공주택 특별법」에 따른 공공주택사업자 및 「민간임대주택에 관한 특별법」에 따른 임대사업자는 관련 법령에 따른 주택 임대차 계약의 신고 또는 변경신고를 하는 경우 이 법에 따른 <u>주택 임대차 계약의 신고 또는 변경신고를 한 것으로 본다</u>.

③ 주택 임대차 계약의 신고, 변경, 해제 신고의 접수를 완료한 때에는 「주택임대차보호법」에 따른 확정일자를 부여한 것으로 본다(임대차계약서가 제출된 경우로 한정한다). 이 경우 신고관청은 「주택임대차보호법」에 따라 확정일자부를 작성하거나 「주택임대차보호법」의 확정일자부여기관에 신고 사실을 통보하여야 한다.

법 률 **제6조의5(다른 법률에 따른 신고 등의 의제)**

① 임차인이 「주민등록법」에 따라 [   ]를 하는 경우 이 법에 따른 주택 임대차 계약의 신고를 한 것으로 본다.

② 「공공주택 특별법」에 따른 공공주택사업자 및 「민간임대주택에 관한 특별법」에 따른 임대사업자는 관련 법령에 따른 주택 임대차 계약의 신고 또는 변경신고를 하는 경우 이 법에 따른 <u>주택 임대차 계약의 신고 또는 변경신고를 한 것으로</u> 본다.

③ 주택 임대차 계약의 신고, 변경, 해제 신고의 접수를 완료한 때에는 「주택임대차 보호법」에 따른 [   ]를 부여한 것으로 본다(임대차계약서가 제출된 경우로 한정한다). 이 경우 신고관청은 「주택임대차보호법」에 따라 확정일자부를 작성 하거나 「주택임대차보호법」의 확정일자부여기관에 신고 사실을 통보하여야 한다.

법 률 **제2조(정의)** 이 법에서 사용하는 용어의 뜻은 다음과 같다.

1. "외국인등"이란 다음 각 목의 어느 하나에 해당하는 개인 · 법인 또는 단체를 말한다.

   ① 대한민국의 국적을 보유하고 있지 아니한 개인

   ② 외국의 법령에 따라 설립된 법인 또는 단체

   ③ 사원 또는 구성원의 2분의 1 이상이 ①에 해당하는 자인 법인 또는 단체

   ④ 업무를 집행하는 사원이나 이사 등 임원의 2분의 1 이상이 ①에 해당하는 자인 법인 또는 단체

   ⑤ ① 또는 ②가 자본금의 2분의 1 이상이나 의결권의 2분의 1 이상을 가지고 있는 법인 또는 단체

   ⑥ 외국 정부

   ⑦ 대통령령으로 정하는 국제기구

시행령 **제2조(외국인등에 해당하는 국제기구)** "대통령령으로 정하는 국제기구"란 다음 각 호의 어느 하나에 해당하는 기구를 말한다.

1. 국제연합과 그 산하기구 · 전문기구

2. 정부간 기구

3. 준정부간 기구

4. 비정부간 국제기구

테마 8 ▶ 외국인등의 부동산 취득·보유 신고

법 률 **제2조(정의)** 이 법에서 사용하는 용어의 뜻은 다음과 같다.

1. "외국인등"이란 다음 각 목의 어느 하나에 해당하는 개인·법인 또는 단체를 말한다.

   ① [   ]의 국적을 보유하고 있지 아니한 개인

   ② [   ]의 법령에 따라 설립된 법인 또는 단체

   ③ 사원 또는 구성원의 [   ]분의 1 이상이 ①에 해당하는 자인 법인 또는 단체

   ④ 업무를 집행하는 사원이나 이사 등 임원의 [   ]분의 1 이상이 ①에 해당하는 자인 법인 또는 단체

   ⑤ ① 또는 ②가 자본금의 2분의 1 이상이나 의결권의 2분의 1 이상을 가지고 있는 법인 또는 단체

   ⑥ [   ]

   ⑦ 대통령령으로 정하는 국제기구

시행령 **제2조(외국인등에 해당하는 국제기구)** "대통령령으로 정하는 국제기구"란 다음 각 호의 어느 하나에 해당하는 기구를 말한다.

1. [   ]과 그 산하기구·전문기구

2. [   ] 기구

3. [   ] 기구

4. [   ] 국제기구

법률 제8조(외국인등의 부동산 취득·보유 신고)

① 외국인등이 대한민국 안의 부동산등을 취득하는 교환계약 또는 증여계약을 체결하였을 때에는 계약체결일부터 60일 이내에 신고관청에 신고하여야 한다.

② 외국인등이 **상속·경매**, 그 밖에 대통령령으로 정하는 계약 외의 원인으로 대한민국 안의 부동산등을 취득한 때에는 부동산등을 취득한 날부터 6개월 이내에 신고관청에 신고하여야 한다. **상경ㅎㅎㅎㅊ**

시행령 제5조(외국인등의 부동산 취득 신고 등)

② 법 제8조제2항에서 "대통령령으로 정하는 계약 외의 원인"이란 다음 각 호의 어느 하나에 해당하는 사유를 말한다.

1. 법원의 **확정판결**
2. 「공익사업을 위한 토지 등의 취득 및 보상에 관한 법률」 및 그 밖의 법률에 따른 **환매권의 행사**
3. 법인의 **합병**
4. 건축물의 **신축·증축·개축·재축**

③ 대한민국 안의 부동산등을 가지고 있는 대한민국국민이나 대한민국의 법령에 따라 설립된 법인 또는 단체가 외국인등으로 변경된 경우 그 외국인등이 해당 부동산등을 계속보유하려는 경우에는 외국인등으로 변경된 날부터 6개월 이내에 신고관청에 신고하여야 한다.

법 률 제8조(외국인등의 부동산 취득·보유 신고)

① 외국인등이 대한민국 안의 부동산등을 취득하는 교환계약 또는 증여계약을 체결하였을 때에는 계약체결일부터 [   ]일 이내에 신고관청에 신고하여야 한다.

② 외국인등이 **상속·경매**, 그 밖에 대통령령으로 정하는 계약 외의 원인으로 대한민국 안의 부동산등을 취득한 때에는 부동산등을 취득한 날부터 [   ]개월 이내에 신고관청에 신고하여야 한다. 상경ㅎㅎㅎㅊ

시행령 제5조(외국인등의 부동산 취득 신고 등)

② 법 제8조제2항에서 "대통령령으로 정하는 계약 외의 원인"이란 다음 각 호의 어느 하나에 해당하는 사유를 말한다.

1. 법원의 [   ]

2. 「공익사업을 위한 토지 등의 취득 및 보상에 관한 법률」 및 그 밖의 법률에 따른 **환매권의 행사**

3. 법인의 [   ]

4. 건축물의 **신축·증축·개축·재축**

③ 대한민국 안의 부동산등을 가지고 있는 대한민국국민이나 대한민국의 법령에 따라 설립된 법인 또는 단체가 외국인등으로 변경된 경우 그 외국인등이 해당 부동산등을 계속보유하려는 경우에는 외국인등으로 변경된 날부터 [   ]개월 이내에 신고관청에 신고하여야 한다.

외국인등의 토지거래 허가

법 률 **제9조 (외국인등의 토지거래 허가)**

① 외국인등이 취득하려는 토지가 다음 각 호의 어느 하나에 해당하는 구역·지역 등에 있으면 토지를 취득하는 <u>계약을 체결하기 전에</u> <u>신고관청으로부터 토지취득의 허가를 받아야 한다</u>. 다만, 제11조 (국토부장관 또는 시·도지사가 지정한 허가구역)에 따라 허가관청으로부터 토지거래계약에 관한 허가를 받은 경우에는 그러하지 아니하다.

　　[군사 문화 유산 생태 으르렁]

　1. 「군사기지 및 군사시설 보호법」에 따른 군사기지 및 <u>군사시설 보호구역</u>

　2. 「문화재보호법」에 따른 지정문화재와 이를 위한 보호물 또는 <u>보호구역</u>

　3. 「자연유산의 보존 및 활용에 관한 법률」에 따라 지정된 천연기념물·명승 및 시·도 자연유산과 이를 위한 보호물 또는 보호구역

　4. 「자연환경보전법」에 따른 <u>생태·경관보전지역</u>

　5. 「야생생물 보호 및 관리에 관한 법률」에 따른 <u>야생생물 특별보호구역</u>

② 신고관청은 관계 행정기관의 장과 협의를 거쳐 외국인등이 허가대상 구역·지역 등의 토지를 취득하는 것이 해당 구역·지역 등의 지정목적 달성에 지장을 주지 아니한다고 <u>인정하는 경우에는 허가를 하여야 한다</u>.

③ <u>허가를 받지 아니하고 체결한 토지취득계약은 그 효력이 발생하지 아니한다</u>.

법 률 **제26조 (벌칙)**

② 허가를 받지 아니하고 토지취득계약을 체결하거나 부정한 방법으로 허가를 받아 토지취득계약을 체결한 외국인등은 2년 이하의 징역 또는 2천만원 이하의 벌금에 처한다.

법 률 제9조(외국인등의 토지거래 허가)

① 외국인등이 취득하려는 토지가 다음 각 호의 어느 하나에 해당하는 구역·지역 등에 있으면 토지를 취득하는 <u>계약을 체결하기 [　]</u>에 <u>신고관청으로부터 토지취득의 허가를 받아야 한다</u>. 다만, 제11조(국토부장관 또는 시·도지사가 지정한 허가구역)에 따라 허가관청으로부터 토지거래계약에 관한 허가를 받은 경우에는 그러하지 아니하다.

　　[군사 문화 유산 생태 으르렁]

1. 「군사기지 및 군사시설 보호법」에 따른 군사기지 및 <u>군사시설 보호구역</u>

2. 「문화재보호법」에 따른 지정<u>문화재</u>와 이를 위한 보호물 또는 <u>보호구역</u>

3. 「자연유산의 보존 및 활용에 관한 법률」에 따라 지정된 천연기념물·명승 및 시·도 자연유산과 이를 위한 보호물 또는 보호구역

4. 「자연환경보전법」에 따른 [　　　　　　]보전지역

5. 「야생생물 보호 및 관리에 관한 법률」에 따른 [　　　　　] 특별보호구역

② 신고관청은 관계 행정기관의 장과 협의를 거쳐 외국인등이 허가대상 구역·지역 등의 토지를 취득하는 것이 해당 구역·지역 등의 지정목적 달성에 지장을 주지 아니한다고 [　　　]하는 경우에는 허가를 [　　　　　　].

③ <u>허가를 받지 아니하고 체결한 토지취득계약은 그 효력이 발생하지 아니한다.</u>

법 률 제26조(벌칙)

② 허가를 받지 아니하고 토지취득계약을 체결하거나 부정한 방법으로 허가를 받아 토지취득계약을 체결한 외국인등은 [　]년 이하의 징역 또는 [　]천만원 이하의 벌금에 처한다.

③ 허가신청서를 받은 신고관청은 신청서를 받은 날부터 다음의 구분에 따른 기간 안에 허가 또는 불허가 처분을 해야 한다. 다만, 군사시설 보호구역의 경우 부득이한 사유로 30일 안에 허가 또는 불허가 처분을 할 수 없는 경우에는 30일의 범위에서 그 기간을 연장할 수 있으며, 기간을 연장하는 경우에는 연장 사유와 처리예정일을 지체 없이 신청인에게 알려야 한다.

    1. 군사시설 보호구역의 경우: 30일

    2. 문화, 유산, 생태, 야생·생물의 경우: 15일

④ 신고관청은 부동산 거래신고, 취득 · 보유 신고 및 허가내용을 매 분기 종료일부터 1개월 이내에 특별시장 · 광역시장 · 도지사 또는 특별자치도지사에게 제출하여야 한다. 다만, 특별자치시장은 매 분기 종료일부터 1개월 이내에 직접 국토교통부장관에게 제출하여야 한다.

⑤ 신고 · 허가내용을 제출받은 특별시장 · 광역시장 · 도지사 또는 특별자치도지사는 제출받은 날부터 1개월 이내에 그 내용을 국토교통부장관에게 제출하여야 한다.

시행령 **제6조 (외국인등의 토지거래 허가)**

③ 허가신청서를 받은 신고관청은 신청서를 받은 날부터 다음의 구분에 따른 기간 안에 허가 또는 불허가 처분을 해야 한다. 다만, <u>군사시설 보호구역의 경우 부득이한 사유로 30일 안에 허가 또는 불허가 처분을 할 수 없는 경우에는 [   ]일의 범위에서 그 기간을 연장할 수 있으며</u>, 기간을 연장하는 경우에는 연장 사유와 처리예정일을 지체 없이 신청인에게 알려야 한다.

1. 군사시설 보호구역의 경우: [   ]일

2. 문화, 유산, 생태, 야생·생물의 경우: [   ]일

④ <u>신고관청은 부동산 거래신고, 취득 · 보유 신고 및 허가내용을 매 분기 종료일부터 [ ]개월 이내에 특별시장 · 광역시장 · 도지사 또는 특별자치도지사에게 제출하여야 한다</u>. 다만, <u>특별자치시장은 매 분기 종료일부터 [ ]개월 이내에 직접 국토교통부장관에게 제출</u>하여야 한다.

⑤ 신고 · 허가내용을 제출받은 특별시장 · 광역시장 · 도지사 또는 특별자치도지사는 제출받은 날부터 [ ]개월 이내에 그 내용을 국토교통부장관에게 제출하여야 한다.

과태료	위반사유
3천만원 이하	매매계약을 체결하지 아니하였음에도 불구하고 거짓으로 부동산 거래신고를 한 자(3-3에 해당하며 형벌 받지 않는 경우 과태료)
	부동산 거래신고 후 해당 계약이 해제등이 되지 아니하였음에도 불구하고 거짓으로 해제등의 신고를 한 자(3-3에 해당하며 형벌 받지 않는 경우 과태료)
	거래대금 지급을 증명할 수 있는 자료를 제출하지 아니하거나 거짓으로 제출한 자 또는 그 밖의 필요한 조치를 이행하지 아니한 자
500만원 이하	부동산 거래신고를 하지 아니한 자(공동신고를 거부한 자 포함)
	거래당사자로서 부동산 거래의 해제등 신고를 하지 아니한 자(공동신고를 거부한 자 포함)
	부동산 거래신고(해제등신고)에 대하여 거짓신고를 조장하거나 방조한 자
	거래대금지급증명자료 외의 자료를 제출하지 아니하거나 거짓으로 제출한 자
	개업공인중개사로 하여금 부동산 거래신고를 하지 아니하게 하거나 거짓된 내용을 신고하도록 요구한 자
취득가액의 100분의 10 이하	신고의무자로서 부동산 거래신고를 거짓으로 한 자
	신고의무자가 아닌 자로서 거짓된 내용의 부동산거래신고를 한 자
300만원 이하	외국인등으로서 계약(교환, 증여)에 따른 신고를 하지 않거나 거짓으로 신고한 자
100만원 이하	외국인등으로서 계약외(상경ㅎㅎㅎㅊ)에 따른 신고를 하지 않거나 거짓으로 신고한 자
	외국인등으로서 계속보유에 따른 신고를 하지 않거나 거짓으로 신고한 자
	주택 임대차 계약의 신고, 변경신고, 해제신고를 하지 아니하거나 거짓으로 신고한 자

과태료	위반사유
[ ] 천만원 이하	매매계약을 체결하지 아니하였음에도 불구하고 거짓으로 부동산 거래신고를 한 자(3-3에 해당하며 형벌 받지 않는 경우 과태료)
	부동산 거래신고 후 해당 계약이 해제등이 되지 아니하였음에도 불구하고 거짓으로 해제등의 신고를 한 자(3-3에 해당하며 형벌 받지 않는 경우 과태료)
	거래대금 지급을 증명할 수 있는 자료를 제출하지 아니하거나 거짓으로 제출한 자 또는 그 밖의 필요한 조치를 이행하지 아니한 자
[ ] 만원 이하	부동산 거래신고를 하지 아니한 자(공동신고를 거부한 자 포함)
	거래당사자로서 부동산 거래의 해제등 신고를 하지 아니한 자(공동신고를 거부한 자 포함)
	부동산 거래신고(해제등신고)에 대하여 거짓신고를 조장하거나 방조한 자
	거래대금지급증명자료 외의 자료를 제출하지 아니하거나 거짓으로 제출한 자
	개업공인중개사로 하여금 부동산 거래신고를 하지 아니하게 하거나 거짓된 내용을 신고하도록 요구한 자
취득가액의 100분의 [ ] 이하	신고의무자로서 부동산 거래신고를 거짓으로 한 자
	신고의무자가 아닌 자로서 거짓된 내용의 부동산거래신고를 한 자
[ ] 만원 이하	외국인등으로서 계약(교환, 증여)에 따른 신고를 하지 않거나 거짓으로 신고한 자
[ ] 만원 이하	외국인등으로서 계약외(상경ㅎㅎㅎㅊ)에 따른 신고를 하지 않거나 거짓으로 신고한 자
	외국인등으로서 계속보유에 따른 신고를 하지 않거나 거짓으로 신고한 자
	주택 임대차 계약의 신고, 변경신고, 해제신고를 하지 아니하거나 거짓으로 신고한 자

법률 제10조(토지거래허가구역의 지정)

① 국토교통부장관 또는 시·도지사는 국토의 이용 및 관리에 관한 계획의 원활한 수립과 집행, 합리적인 토지 이용 등을 위하여 토지의 투기적인 거래가 성행하거나 지가(地價)가 급격히 상승하는 지역과 그러한 우려가 있는 지역으로서 대통령령으로 정하는 지역에 대해서는 다음 각 호의 구분에 따라 5년 이내의 기간을 정하여 토지거래계약에 관한 허가구역으로 지정할 수 있다. 또한, 허가대상자(외국인등을 포함), 용도와 지목 등을 특정하여 허가구역을 지정할 수 있다.

1. 둘 이상 시·도의 관할 구역에 걸쳐 있는 경우 : 국토교통부장관이 지정

2. 허가구역이 동일한 시·도 안의 일부지역인 경우: 시·도지사가 지정. 다만, 아래의 요건을 모두 충족하는 경우에는 국토교통부장관이 지정할 수 있다.

시행령 제7조(허가구역의 지정)

1. 국가 또는 「공공기관의 운영에 관한 법률」에 따른 공공기관이 관련 법령에 따른 개발사업을 시행하는 경우일 것

2. 해당 지역의 지가변동률 등이 인근지역 또는 전국 평균에 비하여 급격히 상승하거나 상승할 우려가 있는 경우일 것

시행령 제7조(허가구역으로 지정할 수 있는 지역)

① 법 제10조제1항 각 호 외의 부분에서 "대통령령으로 정하는 지역"이란 다음 각 호의 어느 하나에 해당하는 지역을 말한다.

1. 「국토의 계획 및 이용에 관한 법률」에 따른 광역도시계획, 도시·군기본계획, 도시·군관리계획 등 토지이용계획이 새로 수립되거나 변경되는 지역

2. 법령의 제정·개정 또는 폐지나 그에 따른 고시·공고로 인하여 토지이용에 대한 행위제한이 완화되거나 해제되는 지역

3. 법령에 따른 개발사업이 진행 중이거나 예정되어 있는 지역과 그 인근지역

4. 그 밖에 국토교통부장관 또는 시·도지사가 투기우려가 있다고 인정하는 지역 또는 관계 행정기관의 장이 특별히 투기가 성행할 우려가 있다고 인정하여 국토교통부장관 또는 시·도지사에게 요청하는 지역

법 률 **제10조(토지거래허가구역의 지정)**

① 국토교통부장관 또는 시·도지사는 국토의 이용 및 관리에 관한 계획의 원활한 수립과 집행, 합리적인 토지 이용 등을 위하여 토지의 투기적인 거래가 성행하거나 지가(地價)가 급격히 상승하는 지역과 그러한 우려가 있는 지역으로서 대통령령으로 정하는 지역에 대해서는 다음 각 호의 구분에 따라 [ ]년 이내의 기간을 정하여 토지거래계약에 관한 허가구역으로 지정할 수 있다. 또한, 허가대상자(외국인등을 포함), 용도와 지목 등을 특정하여 허가구역을 지정할 수 있다.

 1. 둘 이상 시·도의 관할 구역에 걸쳐 있는 경우 : [   ]이 지정

 2. 허가구역이 동일한 시·도 안의 일부지역인 경우: [   ]가 지정. 다만, 아래의 요건을 모두 충족하는 경우에는 국토교통부장관이 지정할 수 있다.

시행령 **제7조(허가구역의 지정)**

 1. 국가 또는 「공공기관의 운영에 관한 법률」에 따른 공공기관이 관련 법령에 따른 개발사업을 시행하는 경우일 것

 2. 해당 지역의 지가변동률 등이 인근지역 또는 전국 평균에 비하여 급격히 상승하거나 상승할 우려가 있는 경우일 것

시행령 **제7조(허가구역으로 지정할 수 있는 지역)**

① 법 제10조제1항 각 호 외의 부분에서 "대통령령으로 정하는 지역"이란 다음 각 호의 어느 하나에 해당하는 지역을 말한다.

 1.「국토의 계획 및 이용에 관한 법률」에 따른 광역도시계획, 도시·군기본계획, 도시·군관리계획 등 토지이용계획이 새로 [   ]되거나 [   ]되는 지역

 2. 법령의 제정·개정 또는 폐지나 그에 따른 고시·공고로 인하여 토지이용에 대한 행위제한이 [   ]되거나 [   ]되는 지역

 3. 법령에 따른 개발사업이 진행 중이거나 예정되어 있는 지역과 그 [   ]지역

 4. 그 밖에 국토교통부장관 또는 시·도지사가 투기우려가 있다고 [   ]하는 지역 또는 관계 행정기관의 장이 특별히 투기가 성행할 우려가 있다고 인정하여 국토교통부장관 또는 시·도지사에게 [   ]하는 지역

법률 **제10조(토지거래허가구역의 지정)**

② 국토교통부장관 또는 시·도지사는 허가구역을 **지정**하려면 중앙도시계획위원회 또는 시·도도시계획위원회의 **심의**를 거쳐야 한다. 다만, **지정기간이 끝나는 허가구역을 계속하여 다시 허가구역으로 지정**하려면 중앙도시계획위원회 또는 시·도도시계획위원회의 **심의 전에** 미리 시·도지사(국토교통부장관이 허가구역을 지정하는 경우만 해당한다) 및 시장·군수 또는 구청장의 **의견**을 들어야 한다.

③ **국토교통부장관 또는 시·도지사**는 제1항에 따라 허가구역으로 지정한 때에는 지체 없이 <u>대통령령으로 정하는 사항</u>을 **공고**해야 하며, 그 공고 내용을 **국토교통부장관은 시·도지사를 거쳐 시장·군수 또는 구청장에게 통지**하고, **시·도지사는 국토교통부장관, 시장·군수 또는 구청장에게 통지**하여야 한다.

시행령 **제7조(허가구역의 지정)**

③ 법 제10조제3항에서 "<u>대통령령으로 정하는 사항</u>"이란 다음 각 호의 사항을 말한다.

1. 허가구역의 지정기간
2. 허가대상자, 허가대상 용도와 지목
3. 허가구역 내 토지의 소재지·지번·지목·면적 및 용도지역
4. 허가구역에 대한 축척 5만분의 1 또는 2만5천분의 1의 지형도
5. 허가 면제 대상 토지면적

④ 허가구역의 지정·공고 내용의 **통지를 받은 시장·군수 또는 구청장**은 지체 없이 그 공고 내용을 그 허가구역을 관할하는 **등기소의 장에게 통지**하여야 하며, 지체 없이 그 사실을 **7일 이상 공고**하고, 그 공고 내용을 **15일간 일반이 열람**할 수 있도록 하여야 한다.

⑤ 허가구역의 **지정**은 국토교통부장관 또는 시·도지사가 허가구역의 **지정을 공고한 날부터 5일 후에 그 효력이 발생**한다.

⑥ 국토교통부장관 또는 시·도지사는 허가구역의 지정 사유가 없어졌다고 인정되거나 관계 시·도지사, 시장·군수 또는 구청장으로부터 받은 허가구역의 지정 해제 또는 축소 요청이 이유 있다고 인정되면 지체 없이 허가구역의 지정을 해제하거나 지정된 허가구역의 일부를 축소하여야 한다.

법 률 제10조(토지거래허가구역의 지정)

② 국토교통부장관 또는 시·도지사는 허가구역을 [   ]하려면 중앙도시계획위원회 또는 시·도도시계획위원회의 [   ]를 거쳐야 한다. 다만, **지정기간이 끝나는 허가구역을 계속하여 다시 허가구역으로 지정**하려면 중앙도시계획위원회 또는 시·도도시계획위원회의 **심의 전에** 미리 시·도지사(국토교통부장관이 허가구역을 지정하는 경우만 해당한다) 및 시장·군수 또는 구청장의 [   ]을 들어야 한다.

③ **국토교통부장관 또는 시·도지사**는 제1항에 따라 허가구역으로 지정한 때에는 지체 없이 대통령령으로 정하는 사항을 [   ]해야 하며, 그 공고 내용을 **국토교통부장관은 시·도지사를 거쳐 시장·군수 또는 구청장에게** [   ]하고, **시·도지사는 국토교통부장관, 시장·군수 또는 구청장에게** [   ]하여야 한다.

시행령 제7조(허가구역의 지정)

③ 법 제10조제3항에서 "대통령령으로 정하는 사항"이란 다음 각 호의 사항을 말한다.

1. 허가구역의 [   ]
2. 허가대상자, 허가대상 용도와 지목
3. 허가구역 내 토지의 소재지·지번·지목·면적 및 [   ]
4. 허가구역에 대한 축척 5만분의 1 또는 2만5천분의 1의 [   ]
5. 허가 [   ] 대상 토지면적

④ 허가구역의 지정·공고 내용의 **통지를 받은 시장·군수 또는 구청장**은 지체 없이 그 공고 내용을 그 허가구역을 관할하는 [   ]의 장에게 **통지**하여야 하며, 지체 없이 그 사실을 [   ]**일 이상 공고**하고, 그 공고 내용을 [   ]**일간 일반이 열람**할 수 있도록 하여야 한다.

⑤ 허가구역의 **지정**은 국토교통부장관 또는 시·도지사가 허가구역의 **지정을 공고한 날부터 [   ]일 후에 그 효력이 발생**한다.

⑥ 국토교통부장관 또는 시·도지사는 허가구역의 지정 사유가 없어졌다고 [   ]되거나 관계 시·도지사, 시장·군수 또는 구청장으로부터 받은 허가구역의 지정 해제 또는 축소 요청이 이유 있다고 [   ]되면 지체 없이 허가구역의 지정을 해제하거나 지정된 허가구역의 일부를 축소[   ].

법 률 **제11조(허가구역 내 토지거래에 대한 허가)**

① 허가구역에 있는 토지에 관한 **소유권·지상권**(소유권·지상권의 취득을 목적으로 하는 권리를 포함한다)을 이전하거나 설정(**대가를 받고 이전하거나 설정하는 경우만** 해당한다)하는 **계약(예약**을 포함한다)을 체결하려는 **당사자는 공동으로** 대통령령으로 정하는 바에 따라 **시장·군수 또는 구청장의 허가**를 받아야 한다. 허가받은 사항을 **변경하려는 경우에도 공동으로** 허가를 받아야 한다.

③ 허가를 받으려는 자는 그 허가신청서에 계약내용과 그 토지의 이용계획, 취득자금 조달계획 등을 적어 시장·군수 또는 구청장에게 제출하여야 한다.

법 률 **제11조(허가구역 내 토지거래에 대한 허가)**

④ 시장·군수 또는 구청장은 허가신청서를 받으면 「민원 처리에 관한 법률」에 따른 처리기간에 허가 또는 불허가의 처분을 하고, 그 신청인에게 허가증을 발급하거나 불허가처분 사유를 서면으로 알려야 한다. 다만, 선매협의(先買協議) 절차가 진행 중인 경우에는 위의 민원처리기간 내에 그 사실을 신청인에게 알려야 한다.

시행령 **제8조(토지거래계약의 허가절차)**

③ 허가 또는 변경허가 신청서를 받은 허가관청은 지체 없이 필요한 조사를 하고 신청서를 받은 날부터 15일 이내에 허가·변경허가 또는 불허가 처분을 하여야 한다.

⑤ 민원처리기간에 허가증의 발급 또는 불허가처분 사유의 통지가 없거나 선매협의 사실의 통지가 없는 경우에는 그 기간이 끝난 날의 다음날에 허가가 있는 것으로 본다. 이 경우 시장·군수 또는 구청장은 지체 없이 신청인에게 허가증을 발급하여야 한다.

⑥ 허가를 받지 아니하고 체결한 토지거래계약은 그 효력이 발생하지 아니한다.

법 률 제11조(허가구역 내 토지거래에 대한 허가)

① 허가구역에 있는 토지에 관한 **소유권·[   ]**(소유권·지상권의 취득을 목적으로 하는 권리를 포함한다)을 이전하거나 설정([   ]**를 받고 이전하거나 설정하는 경우만** 해당한다)하는 **계약(예약을 포함한다)**을 체결하려는 **당사자는 [   ]으로** 대통령령으로 정하는 바에 따라 **시장·군수 또는 구청장의 허가**를 받아야 한다. 허가받은 사항을 **변경하려는 경우에도 [   ]으로** 허가를 받아야 한다.

③ 허가를 받으려는 자는 그 허가신청서에 계약내용과 그 토지의 이용계획, 취득자금 [   ] 등을 적어 시장·군수 또는 구청장에게 제출하여야 한다.

법 률 제11조(허가구역 내 토지거래에 대한 허가)

④ 시장·군수 또는 구청장은 허가신청서를 받으면 「민원 처리에 관한 법률」에 따른 처리기간에 허가 또는 불허가의 처분을 하고, 그 신청인에게 허가증을 발급하거나 불허가처분 사유를 서면으로 알려야 한다. 다만, [   ]협의(先買協議) 절차가 진행 중인 경우에는 위의 민원처리기간 내에 그 사실을 신청인에게 알려야 한다.

시행령 제8조(토지거래계약의 허가절차)

③ 허가 또는 변경허가 신청서를 받은 허가관청은 지체 없이 필요한 조사를 하고 신청서를 받은 날부터 [   ]일 이내에 허가·변경허가 또는 불허가 처분을 하여야 한다.

⑤ 민원처리기간에 허가증의 발급 또는 불허가처분 사유의 통지가 없거나 선매협의 사실의 통지가 없는 경우에는 그 기간이 끝난 날의 [   ]에 [   ]가 있는 것으로 본다. 이 경우 시장·군수 또는 구청장은 지체 없이 신청인에게 허가증을 발급하여야 한다.

⑥ 허가를 받지 아니하고 체결한 토지거래계약은 그 효력이 발생하지 아니한다.

법 률 **제11조(허가구역 내 토지거래에 대한 허가)**

② 다음의 어느 하나에 해당하는 경우에는 허가가 필요하지 아니하다.

  1. 대통령령으로 정하는 용도별 면적 이하의 토지에 대한 토지거래계약을 체결하려는 경우

  2. 토지거래계약을 체결하려는 당사자 또는 그 계약의 대상이 되는 토지가 허가대상자, 허가대상 용도 및 지목에 해당하지 아니하는 경우

시행령 **제9조(토지거래계약허가 면제 대상 토지면적 등)**

① 법 제11조제2항에서 "대통령령으로 정하는 용도별 면적"이란 다음 각 호의 구분에 따른 면적을 말한다. 다만, 국토교통부장관 또는 시·도지사가 허가구역을 지정할 당시 해당 지역에서의 거래실태 등을 고려하여 다음 각 호의 면적으로 하는 것이 타당하지 아니하다고 인정하여 해당 기준면적의 10퍼센트 이상 300퍼센트 이하의 범위에서 따로 정하여 공고한 경우에는 그에 따른다.

  1. 「국토의 계획 및 이용에 관한 법률」에 따른 도시지역

    가. 주거지역: 60제곱미터

    나. 상업지역: 150제곱미터

    다. 공업지역: 150제곱미터

    라. 녹지지역: 200제곱미터

    마. 용도지역의 지정이 없는 구역: 60제곱미터

  2. 도시지역 외의 지역: 250제곱미터. 다만, 농지의 경우에는 500제곱미터로 하고, 임야의 경우에는 1천제곱미터로 한다.

② 일단(一團)의 토지이용을 위하여 토지거래계약을 체결한 날부터 1년 이내에 일단의 토지 일부에 대하여 토지거래계약을 체결한 경우에는 그 일단의 토지 전체에 대한 거래로 본다.

③ 허가구역 지정 당시 기준 면적을 초과하는 토지가 허가구역 지정 후에 분할 (도시·군계획사업의 시행 등 공공목적으로 인한 분할은 제외한다)로 기준 면적 이하가 된 경우 분할된 해당 토지에 대한 분할 후 최초의 토지거래계약은 기준 면적을 초과하는 토지거래계약으로 본다. 허가구역 지정 후 해당 토지가 공유지분으로 거래되는 경우에도 또한 같다.

법 률 **제11조(허가구역 내 토지거래에 대한 허가)**

② 다음의 어느 하나에 해당하는 경우에는 허가가 필요하지 아니하다.

 1. 대통령령으로 정하는 용도별 면적 이하의 토지에 대한 토지거래계약을 체결하려는 경우

 2. 토지거래계약을 체결하려는 당사자 또는 그 계약의 대상이 되는 토지가 허가 대상자, 허가대상 용도 및 지목에 해당하지 아니하는 경우

시행령 **제9조(토지거래계약허가 면제 대상 토지면적 등)**

① 법 제11조제2항에서 "대통령령으로 정하는 용도별 면적"이란 다음 각 호의 구분에 따른 면적을 말한다. 다만, 국토교통부장관 또는 시·도지사가 허가 구역을 지정할 당시 해당 지역에서의 거래실태 등을 고려하여 다음 각 호의 면적으로 하는 것이 타당하지 아니하다고 인정하여 해당 기준면적의 [ ]퍼센트 이상 [   ]퍼센트 이하의 범위에서 따로 정하여 공고한 경우에는 그에 따른다.

 1. 「국토의 계획 및 이용에 관한 법률」에 따른 도시지역

  가. 주거지역: [   ]제곱미터

  나. 상업지역: [   ]제곱미터

  다. 공업지역: [   ]제곱미터

  라. 녹지지역: [   ]제곱미터

  마. 용도지역의 지정이 없는 구역: [   ]제곱미터

 2. 도시지역 외의 지역: 250제곱미터. 다만, 농지의 경우에는 [   ]제곱미터로 하고, 임야의 경우에는 [ ]천제곱미터로 한다.

② 일단(一團)의 토지이용을 위하여 토지거래계약을 체결한 날부터 [ ]년 이내에 일단의 토지 일부에 대하여 토지거래계약을 체결한 경우에는 그 일단의 토지 [   ]에 대한 거래로 본다.

③ 허가구역 지정 당시 기준 면적을 초과하는 토지가 허가구역 지정 후에 분할 (도시·군계획사업의 시행 등 공공목적으로 인한 분할은 제외한다)로 기준 면적 이하가 된 경우 분할된 해당 토지에 대한 분할 후 [   ]의 토지거래계 약은 기준 면적을 초과하는 토지거래계약으로 본다. 허가구역 지정 후 해당 토지가 공유[   ]으로 거래되는 경우에도 또한 같다.

법 률 **제12조(허가기준)**

1. 시장·군수 또는 구청장 토지거래계약을 체결하려는 자의 토지이용목적이 다음 각 목의 어느 하나에 해당하는 경우에는 허가하여야 한다.

   가. 자기의 거주용 주택용지로 이용하려는 경우

   나. 허가구역을 포함한 지역의 주민을 위한 복지시설 또는 편익시설로서 관할 시장·군수 또는 구청장이 확인한 시설의 설치에 이용하려는 경우

   다. 허가구역에 거주하는 농업인·임업인·어업인 또는 아래에 정하는 자가 그 허가구역에서 농업·축산업·임업 또는 어업을 경영하기 위하여 필요한 경우

시행령 **제10조(허가기준)**

① 법 제12조제1호다목에서 "대통령령으로 정하는 자"란 다음 각 호의 어느 하나에 해당하는 자를 말한다.

1. 농업인, 어업인, 임업인(이하 "농업인등"이라 한다)으로서 본인이 거주하는 특별시·광역시(광역시의 관할구역에 있는 군은 제외한다)·특별자치시·특별자치도·시 또는 군(광역시의 관할구역에 있는 군을 포함한다)에 소재하는 토지를 취득하려는 사람

2. 농업인등으로서 본인이 거주하는 주소지로부터 30킬로미터 이내에 소재하는 토지를 취득하려는 사람

3. 농업인등으로서 소유하는 농지를 협의양도하거나 수용된 날부터 3년 이내에 협의양도하거나 수용된 **농지를 대체**하기 위하여 본인이 거주하는 주소지로부터 80킬로미터 안에 소재하는 농지[종전의 토지가액(개별공시지가를 기준) 이하인 농지로 한정한다]를 취득하려는 사람

   라. 「공익사업을 위한 토지 등의 취득 및 보상에 관한 법률」이나 그 밖의 법률에 따라 토지를 수용하거나 사용할 수 있는 사업을 시행하는 자가 그 사업을 시행하기 위하여 필요한 경우

   마. 허가구역을 포함한 지역의 건전한 발전을 위하여 필요하고 관계 법률에 따라 지정된 지역·지구·구역 등의 지정목적에 적합하다고 인정되는 사업을 시행하는 자나 시행하려는 자가 그 사업에 이용하려는 경우

법 률 **제12조(허가기준)**

1. 시장·군수 또는 구청장 토지거래계약을 체결하려는 자의 토지이용목적이 다음 각 목의 어느 하나에 해당하는 경우에는 허가하여야 한다.

  가. 자기의 거주용 [　　]용지로 이용하려는 경우

  나. 허가구역을 포함한 지역의 주민을 위한 [　　]시설 또는 [　　]시설로서 관할 시장·군수 또는 구청장이 확인한 시설의 설치에 이용하려는 경우

  다. 허가구역에 거주하는 농업인·임업인·어업인 또는 아래에 정하는 자가 그 허가구역에서 농업·축산업·임업 또는 어업을 경영하기 위하여 필요한 경우

시행령 **제10조(허가기준)**

① 법 제12조제1호다목에서 "대통령령으로 정하는 자"란 다음 각 호의 어느 하나에 해당하는 자를 말한다.

1. 농업인, 어업인, 임업인(이하 "농업인등"이라 한다)으로서 본인이 거주하는 특별시·광역시(광역시의 관할구역에 있는 군은 제외한다)·특별자치시·특별자치도·시 또는 군(광역시의 관할구역에 있는 군을 포함한다)에 소재하는 토지를 취득하려는 사람

2. 농업인등으로서 본인이 거주하는 주소지로부터 [　　]킬로미터 이내에 소재하는 토지를 취득하려는 사람

3. 농업인등으로서 소유하는 농지를 협의양도하거나 수용된 날부터 [　　]년 이내에 협의양도하거나 수용된 **농지를 대체**하기 위하여 본인이 거주하는 주소지로부터 [　　]킬로미터 안에 소재하는 농지[종전의 토지가액(개별공시지가를 기준) [　　]인 농지로 한정한다]를 취득하려는 사람

  라. 「공익사업을 위한 토지 등의 취득 및 보상에 관한 법률」이나 그 밖의 법률에 따라 토지를 수용하거나 사용할 수 있는 사업을 시행하는 자가 그 사업을 시행하기 위하여 필요한 경우

  마. 허가구역을 포함한 지역의 건전한 발전을 위하여 필요하고 관계 법률에 따라 지정된 지역·지구·구역 등의 지정목적에 적합하다고 인정되는 사업을 시행하는 자나 시행하려는 자가 그 사업에 이용하려는 경우

바. 허가구역의 지정 당시 그 구역이 속한 특별시·광역시·특별자치시·시·군 또는 인접한 특별시·광역시·특별자치시·시·군에서 사업을 시행하고 있는 자가 그 사업에 이용하려는 경우나 그 자의 사업과 밀접한 관련이 있는 사업을 하는 자가 그 사업에 이용하려는 경우

사. 허가구역이 속한 특별시·광역시·특별자치시·시 또는 군에 거주하고 있는 자의 일상생활과 통상적인 경제활동에 필요한 것 등으로서 대통령령으로 정하는 용도에 이용하려는 경우

시행령 제10조 (허가기준)

② 법 제12조제1호사목에서 정한 "대통령령으로 정하는 용도에 이용하려는 경우"

1. 「공익사업을 위한 토지 등의 취득 및 보상에 관한 법률」 또는 그 밖의 법령에 따라 농지 외의 토지를 공익사업용으로 협의양도하거나 수용된 사람이 그 협의양도하거나 수용된 날부터 3년 이내에 그 허가구역에서 협의양도하거나 수용된 토지에 **대체되는 토지**(종전의 토지가액 이하인 토지로 한정한다)를 취득하려는 경우

2. 관계 법령에 따라 개발·이용행위가 제한되거나 금지된 토지로서 현상 보존의 목적으로 토지를 취득하려는 경우

3. 「민간임대주택에 관한 특별법」 제2조제7호에 따른 임대사업자 등 관계 법령에 따라 임대사업을 할 수 있는 자가 임대사업을 위하여 건축물과 그에 딸린 토지를 취득하려는 경우

2. 토지거래계약을 체결하려는 자의 토지이용목적이 다음 각 목의 어느 하나에 해당되는 경우에는 허가해서는 아니된다.

가. 「국토의 계획 및 이용에 관한 법률」에 따른 도시·군계획이나 그 밖에 토지의 이용 및 관리에 관한 계획에 맞지 아니한 경우

나. 생태계의 보전과 주민의 건전한 생활환경 보호에 중대한 위해(危害)를 끼칠 우려가 있는 경우

3. 그 면적이 그 토지의 이용목적에 적합하지 아니하다고 인정되는 경우에는 허가해서는 아니된다.

바. 허가구역의 지정 당시 그 구역이 속한 특별시·광역시·특별자치시·시·군 또는 인접한 특별시·광역시·특별자치시·시·군에서 <u>사업을 시행하고 있는 자</u>가 그 사업에 이용하려는 경우나 그 자의 사업과 밀접한 관련이 있는 사업을 하는 자가 그 사업에 이용하려는 경우

사. 허가구역이 속한 특별시·광역시·특별자치시·시 또는 군에 거주하고 있는 자의 일상생활과 통상적인 경제활동에 필요한 것 등으로서 <u>대통령령으로 정하는 용도에 이용하려는 경우</u>

시행령 **제10조(허가기준)**

② 법 제12조제1호사목에서 정한 "대통령령으로 정하는 용도에 이용하려는 경우"

1. 「공익사업을 위한 토지 등의 취득 및 보상에 관한 법률」 또는 그 밖의 법령에 따라 <u>농지 외의 토지</u>를 공익사업용으로 협의양도하거나 수용된 사람이 그 협의양도하거나 수용된 날부터 [ ]년 이내에 그 허가구역에서 협의양도하거나 수용된 토지에 **대체되는 토지**(종전의 토지가액 [   ]인 토지로 한정한다)를 취득하려는 경우

2. 관계 법령에 따라 <u>개발·이용행위가 제한되거나 금지된 토지</u>로서 [   ]의 목적으로 토지를 취득하려는 경우

3. 「민간임대주택에 관한 특별법」 제2조제7호에 따른 임대사업자 등 관계 법령에 따라 임대사업을 할 수 있는 자가 <u>임대사업을 위하여</u> 건축물과 그에 딸린 토지를 취득하려는 경우

---

2. 토지거래계약을 체결하려는 자의 토지이용목적이 <u>다음 각 목의 어느 하나에 해당되는 경우</u>에는 허가해서는 아니된다.

가. 「국토의 계획 및 이용에 관한 법률」에 따른 도시·군계획이나 그 밖에 토지의 이용 및 관리에 관한 계획에 맞지 아니한 경우

나. 생태계의 보전과 주민의 건전한 생활환경 보호에 중대한 위해(危害)를 끼칠 우려가 있는 경우

3. 그 [   ]이 그 토지의 이용목적에 적합하지 아니하다고 인정되는 경우에는 허가해서는 아니된다.

법 률 제17조(토지 이용에 관한 의무 등)

① 제11조에 따라 토지거래계약을 허가받은 자는 <u>대통령령으로 정하는 사유가 있는</u> <u>경우 외에는</u> 5년의 범위에서 <u>대통령령으로 정하는 기간에</u> 그 토지를 허가받은 목적대로 이용하여야 한다.

시행령 제14조(토지 이용에 관한 의무의 예외)

① 법 제17조제1항에서 "<u>대통령령으로 정하는 사유가 있는 경우</u>"란 다음 각 호의 어느 하나에 해당하는 경우를 말한다.

 1. 허가기준에 맞게 당초의 이용목적을 변경하는 경우로서 허가관청의 승인을 받은 경우

시행규칙 제17조(토지 이용에 관한 의무 등)

③ 허가관청은 토지 이용목적 변경 승인 신청을 받은 때에는 신청일부터 15일 이내에 승인여부를 결정하여 신청인에게 서면으로 통지(전자문서에 의한 통지 포함)하여야 한다.

 2. 「해외이주법」에 따라 이주하는 경우

 3. 「병역법」 또는 「대체역의 편입 및 복무 등에 관한 법률」에 따라 복무하는 경우

 4. 「자연재해대책법」에 따른 재해로 인하여 허가받은 목적대로 이행하는 것이 불가능한 경우

 5. 다음 각 목의 건축물을 취득하여 실제로 이용하는 자가 해당 건축물의 일부를 임대하는 경우

   가. 「건축법 시행령」 별표 1 단독주택[다중주택 및 공관(公館)은 제외한다]

   나. 「건축법 시행령」 별표 1 공동주택(기숙사는 제외한다)

   다. 「건축법 시행령」 별표 1 제1종 근린생활시설

   라. 「건축법 시행령」 별표 1 제2종 근린생활시설

 6. 「산업집적활성화 및 공장설립에 관한 법률」 제2조제1호에 따른 공장을 취득하여 실제로 이용하는 자가 해당 공장의 일부를 임대하는 경우

토지의 이용의무

법률 제17조(토지 이용에 관한 의무 등)

① 제11조에 따라 토지거래계약을 허가받은 자는 대통령령으로 정하는 사유가 있는 경우 외에는 [ ]년의 범위에서 대통령령으로 정하는 기간에 그 토지를 허가받은 목적대로 이용하여야 한다.

시행령 제14조(토지 이용에 관한 의무의 예외)

① 법 제17조제1항에서 "대통령령으로 정하는 사유가 있는 경우"란 다음 각 호의 어느 하나에 해당하는 경우를 말한다.

1. 허가기준에 맞게 당초의 이용목적을 변경하는 경우로서 허가관청의 [ ]을 받은 경우

시행규칙 제17조(토지 이용에 관한 의무 등)

③ 허가관청은 토지 이용목적 변경 승인 신청을 받은 때에는 신청일부터 [ ]일 이내에 승인여부를 결정하여 신청인에게 서면으로 통지(전자문서에 의한 통지 포함)하여야 한다.

2. 「해외이주법」에 따라 이주하는 경우

3. 「병역법」 또는 「대체역의 편입 및 복무 등에 관한 법률」에 따라 복무하는 경우

4. 「자연재해대책법」에 따른 재해로 인하여 허가받은 목적대로 이행하는 것이 불가능한 경우

5. 다음 각 목의 건축물을 취득하여 실제로 이용하는 자가 해당 건축물의 일부를 임대하는 경우

　가. 「건축법 시행령」 별표 1 단독주택[다중주택 및 공관(公館)은 제외한다]

　나. 「건축법 시행령」 별표 1 공동주택(기숙사는 제외한다)

　다. 「건축법 시행령」 별표 1 제1종 근린생활시설

　라. 「건축법 시행령」 별표 1 제2종 근린생활시설

6. 「산업집적활성화 및 공장설립에 관한 법률」 제2조제1호에 따른 공장을 취득하여 실제로 이용하는 자가 해당 공장의 일부를 임대하는 경우

② 법 제17조제1항에서 "대통령령으로 정하는 기간"이란 다음 각 호의 기간을 말한다.

1. 자기 거주 주택용지, 복지·편익 시설, 농업 · 축산업 · 임업 · 어업 : 토지 취득일부터 2년

2. 대체토지를 취득하기 위하여 허가를 받은 경우 : 토지 취득일부터 2년

3. 사업시행 · 사업시행 · 사업시행 : 토지 취득일부터 4년

4. 현상보존의 목적으로 토지를 취득하기 위하여 허가를 받은 경우 : 토지 취득일부터 5년

5. 제1호부터 제4호까지의 경우 외의 경우(기타) : 토지 취득일부터 5년

② 시장 · 군수 또는 구청장은 토지거래계약을 허가받은 자가 허가받은 목적대로 이용하고 있는지를 국토교통부령으로 정하는 바에 따라 조사하여야 한다.

① 허가관청은 법 제17조제2항에 따라 매년 1회 이상 토지의 개발 및 이용 등의 실태를 조사하여야 한다.

② 제1항에서 규정한 사항 외에 토지의 개발 및 이용 등의 실태조사에 필요한 사항은 국토교통부장관이 정한다.

① 시장 · 군수 또는 구청장은 제17조제1항에 따른 토지의 이용 의무를 이행하지 아니한 자에 대하여는 상당한 기간을 정하여 토지의 이용 의무를 이행하도록 명할 수 있다. 다만,「농지법」을 위반하여 이행강제금을 부과받은 경우에는 이용 의무의 이행을 명하지 아니할 수 있다.

① 이행명령은 문서로 하여야 하며, 이행기간은 3개월 이내로 정하여야 한다.

시행령 **제14조(토지 이용에 관한 의무기간)**

② 법 제17조제1항에서 "대통령령으로 정하는 기간"이란 다음 각 호의 기간을 말한다.

1. 자기 거주 주택용지, 복지·편익 시설, 농업 · 축산업 · 임업 · 어업 : 토지 취득일부터 [　]년

2. 대체토지를 취득하기 위하여 허가를 받은 경우 : 토지 취득일부터 [　]년

3. 사업시행 · 사업시행 · 사업시행 : 토지 취득일부터 [　]년

4. 현상보존의 목적으로 토지를 취득하기 위하여 허가를 받은 경우 : 토지 취득일부터 [　]년

5. 제1호부터 제4호까지의 경우 외의 경우(기타) : 토지 취득일부터 5년

② 시장·군수 또는 구청장은 토지거래계약을 허가받은 자가 허가받은 목적대로 이용하고 있는지를 국토교통부령으로 정하는 바에 따라 조사하여야 한다.

시행규칙 **제18조(토지의 개발·이용 등의 실태조사)**

① 허가관청은 법 제17조제2항에 따라 매년 [　]회 이상 토지의 개발 및 이용 등의 실태를 조사하여야 한다.

② 제1항에서 규정한 사항 외에 토지의 개발 및 이용 등의 실태조사에 필요한 사항은 국토교통부장관이 정한다.

법 률 **제18조(이행강제금)**

① 시장·군수 또는 구청장은 제17조제1항에 따른 토지의 이용 의무를 이행하지 아니한 자에 대하여는 상당한 기간을 정하여 토지의 이용 의무를 이행하도록 명할 수 있다. 다만, 「　　　　　」을 위반하여 이행강제금을 부과받은 경우에는 이용 의무의 이행을 명하지 아니할 수 있다.

시행령 **제16조(이행강제금의 부과)**

① 이행명령은 문서로 하여야 하며, 이행기간은 [　]개월 이내로 정하여야 한다.

② 시장·군수 또는 구청장은 제1항에 따른 이행명령이 정하여진 기간에 이행되지 아니한 경우에는 토지 취득가액의 100분의 10의 범위에서 대통령령으로 정하는 금액의 이행강제금을 부과한다.

시행령 **제16조 (이행강제금의 부과)**

③ "대통령령으로 정하는 금액"이란 다음 각 호의 구분에 따른 금액을 말한다.

1. 당초의 목적대로 이용하지 아니하고 방치한 경우 : 토지 취득가액의 100분의 10에 상당하는 금액

2. 직접 이용하지 아니하고 임대한 경우 : 토지 취득가액의 100분의 7에 상당하는 금액

3. 허가관청의 승인 없이 당초의 이용목적을 변경하여 이용하는 경우 : 토지 취득가액의 100분의 5에 상당하는 금액

4. 기타 : 토지 취득가액의 100분의 7에 상당하는 금액

④ 제3항 각 호에 따른 토지 취득가액은 실제 거래가격으로 한다. 다만, 실제 거래가격이 확인되지 아니하는 경우에는 취득 당시를 기준으로 가장 최근에 발표된 개별공시지가를 기준으로 산정한다.

⑤ 허가관청은 이행강제금을 부과하기 전에 이행기간 내에 이행명령을 이행하지 아니하면 이행강제금을 부과·징수한다는 뜻을 미리 문서로 계고(戒告)하여야 한다.

---

③ 시장·군수 또는 구청장은 최초의 이행명령이 있었던 날을 기준으로 1년에 한 번씩 그 이행명령이 이행될 때까지 반복하여 이행강제금을 부과·징수할 수 있다.

④ 시장·군수 또는 구청장은 이용 의무기간이 지난 후에는 이행강제금을 부과할 수 없다.

⑤ 시장·군수 또는 구청장은 이행명령을 받은 자가 그 명령을 이행하는 경우에는 새로운 이행강제금의 부과를 즉시 중지하되, 명령을 이행하기 전에 이미 부과된 이행강제금은 징수하여야 한다.

⑥ 이행강제금의 부과처분에 불복하는 자는 <u>시장·군수 또는 구청장</u>에게 이의를 제기할 수 있다.

시행령 **제16조 (이행강제금의 부과)**

⑦ 이행강제금 부과처분을 받은 자가 이의를 제기하려는 경우에는 부과처분을 고지받은 날부터 30일 이내에 하여야 한다.

---

② 시장·군수 또는 구청장은 제1항에 따른 이행명령이 정하여진 기간에 이행되지 아니한 경우에는 토지 취득가액의 100분의 [   ]의 범위에서 대통령령으로 정하는 금액의 이행강제금을 부과한다.

시행령 **제16조(이행강제금의 부과)**

③ "대통령령으로 정하는 금액"이란 다음 각 호의 구분에 따른 금액을 말한다.

 1. 당초의 목적대로 이용하지 아니하고 [   ]한 경우 : 토지 취득가액의 100분의 10에 상당하는 금액

 2. 직접 이용하지 아니하고 [   ]한 경우 : 토지 취득가액의 100분의 7에 상당하는 금액

 3. 허가관청의 승인 없이 당초의 이용목적을 [   ]하여 이용하는 경우 : 토지 취득가액의 100분의 5에 상당하는 금액

 4. 기타 : 토지 취득가액의 100분의 7에 상당하는 금액

④ 제3항 각 호에 따른 토지 취득가액은 [   ]으로 한다. 다만, 실제 거래 가격이 확인되지 아니하는 경우에는 취득 당시를 기준으로 가장 최근에 발표된 개별공시지가를 기준으로 산정한다.

⑤ 허가관청은 이행강제금을 부과하기 전에 이행기간 내에 이행명령을 이행하지 아니하면 이행강제금을 부과·징수한다는 뜻을 미리 문서로 계고(戒告)하여야 한다.

③ 시장·군수 또는 구청장은 최초의 이행명령이 있었던 날을 기준으로 1년에 [   ] 번씩 그 이행명령이 이행될 때까지 반복하여 이행강제금을 부과·징수할 수 있다.

④ 시장·군수 또는 구청장은 이용 의무기간이 지난 후에는 이행강제금을 부과할 수 없다.

⑤ 시장·군수 또는 구청장은 이행명령을 받은 자가 그 명령을 이행하는 경우에는 새로운 이행강제금의 부과를 즉시 중지하되, 명령을 이행하기 전에 이미 부과된 이행강제금은 징수[   ].

⑥ 이행강제금의 부과처분에 불복하는 자는 [_____]에게 이의를 제기할 수 있다.

시행령 **제16조(이행강제금의 부과)**

⑦ 이행강제금 부과처분을 받은 자가 이의를 제기하려는 경우에는 부과처분을 고지 받은 날부터 [   ]일 이내에 하여야 한다.

테마 16   이의신청, 매수청구, 선매

법률 제13조(이의신청)

① 허가 또는 불허가 처분에 이의가 있는 자는 그 처분을 받은 날부터 1개월 이내에 시장·군수 또는 구청장에게 이의를 신청할 수 있다.

② 이의신청을 받은 시장·군수 또는 구청장은 시·군·구도시계획위원회의 심의를 거쳐 그 결과를 이의신청인에게 알려야 한다.

법률 제16조(불허가처분 토지에 관한 매수 청구)

① 허가신청에 대하여 불허가처분을 받은 자는 그 통지를 받은 날부터 1개월 이내에 시장·군수 또는 구청장에게 해당 토지에 관한 권리의 매수를 청구할 수 있다.

② 매수 청구를 받은 시장·군수 또는 구청장은 국가, 지방자치단체, 한국토지주택공사, 그 밖에 대통령령으로 정하는 공공기관 또는 공공단체 중에서 매수할 자를 지정하여, 매수할 자로 하여금 예산의 범위에서 공시지가를 기준으로 하여 해당 토지를 매수하게 하여야 한다. 다만, 토지거래계약 허가신청서에 적힌 가격이 공시지가보다 낮은 경우에는 허가신청서에 적힌 가격으로 매수할 수 있다.

법 률 제13조(이의신청)

① 허가 또는 불허가 처분에 이의가 있는 자는 그 처분을 받은 날부터 [ ]개월 이내에 [   ]에게 이의를 신청할 수 있다.

② 이의신청을 받은 시장·군수 또는 구청장은 시·군·구도시계획위원회의 심의를 거쳐 그 결과를 이의신청인에게 알려야 한다.

법 률 제16조(불허가처분 토지에 관한 매수 청구)

① 허가신청에 대하여 불허가처분을 받은 자는 그 통지를 받은 날부터 [ ]개월 이내에 시장·군수 또는 구청장에게 해당 토지에 관한 권리의 매수를 청구할 수 있다.

② 매수 청구를 받은 시장·군수 또는 구청장은 국가, 지방자치단체, 한국토지주택공사, 그 밖에 대통령령으로 정하는 공공기관 또는 공공단체 중에서 매수할 자를 지정하여, 매수할 자로 하여금 예산의 범위에서 [   ]를 기준으로 하여 해당 토지를 매수하게 하여야 한다. 다만, 토지거래계약 허가신청서에 적힌 가격이 공시지가보다 낮은 경우에는 허가신청서에 적힌 가격으로 매수할 수 있다.

법률 **제15조(선매)**

① 시장·군수 또는 구청장은 제11조제1항에 따른 <u>토지거래계약에 관한 허가신청이 있는 경우</u> 다음 각 호의 어느 하나에 해당하는 토지에 대하여 국가, 지방자치단체, 한국토지주택공사, 그 밖에 대통령령으로 정하는 공공기관 또는 공공단체가 <u>그 매수를 원하는 경우</u>에는 이들 중에서 해당 토지를 매수할 자[이하 "선매자(先買者)"라 한다]를 지정하여 그 토지를 협의 매수하게 할 수 있다.

1. 공익사업용 토지

2. 토지거래계약허가를 받아 취득한 토지를 그 이용목적대로 이용하고 있지 아니한 토지

② **시장·군수 또는 구청장은** 토지거래계약 허가신청이 있는 날부터 <u>1개월 이내에</u> 선매자를 지정하여 토지 소유자에게 알려야 한다.

시행령 **제12조(선매)**

② 선매자(先買者)로 지정된 자는 지정 통지를 받은 날부터 <u>15일 이내에</u> 매수가격 등 선매조건을 기재한 서면을 토지소유자에게 통지하여 <u>선매협의를 하여야 한다</u>.

③ **선매자는** 지정 통지를 받은 날부터 <u>1개월 이내에</u> 그 토지 소유자와 대통령령으로 정하는 바에 따라 선매협의를 끝내야 한다.

시행령 **제12조(선매)**

③ 선매자는 지정 통지를 받은 날부터 <u>1개월 이내에</u> 국토교통부령으로 정하는 바에 따라 <u>선매협의조서를 허가관청에 제출</u>하여야 한다.

④ 선매자가 토지를 매수할 때의 가격은 「감정평가 및 감정평가사에 관한 법률」에 따라 감정평가법인등이 감정평가한 <u>감정가격을 기준</u>으로 하되, 토지거래계약 허가신청서에 적힌 가격이 감정가격보다 낮은 경우에는 허가신청서에 적힌 가격으로 할 수 있다.

⑤ 시장·군수 또는 구청장은 선매협의가 이루어지지 아니한 경우에는 <u>지체 없이 허가 또는 불허가의 여부</u>를 결정하여 통보하여야 한다.

법 률 **제15조(선매)**

① 시장·군수 또는 구청장은 제11조제1항에 따른 토지거래계약에 관한 [　　　　]이 있는 경우 다음 각 호의 어느 하나에 해당하는 토지에 대하여 국가, 지방자치단체, 한국토지주택공사, 그 밖에 대통령령으로 정하는 공공기관 또는 공공단체가 그 매수를 [　　] 경우에는 이들 중에서 해당 토지를 매수할 자[이하 "선매자(先買者)"라 한다]를 지정하여 그 토지를 협의 매수하게 할 수 있다.

1. 공익사업용 토지

2. 토지거래계약허가를 받아 취득한 토지를 그 이용목적대로 이용하고 있지 [　　] 토지

② **시장·군수 또는 구청장은** 토지거래계약 허가신청이 있는 날부터 [　]개월 이내에 선매자를 지정하여 토지 소유자에게 알려야 한다.

시행령 **제12조(선매)**

② 선매자(先買者)로 지정된 자는 지정 통지를 받은 날부터 [　]일 이내에 매수가격 등 선매조건을 기재한 서면을 토지소유자에게 통지하여 선매협의를 하여야 한다.

③ **선매자는** 지정 통지를 받은 날부터 [　]개월 이내에 그 토지 소유자와 대통령령으로 정하는 바에 따라 선매협의를 끝내야 한다.

시행령 **제12조(선매)**

③ 선매자는 지정 통지를 받은 날부터 [　]개월 이내에 국토교통부령으로 정하는 바에 따라 선매협의조서를 허가관청에 제출하여야 한다.

④ 선매자가 토지를 매수할 때의 가격은 「감정평가 및 감정평가사에 관한 법률」에 따라 감정평가법인등이 감정평가한 감정가격을 기준으로 하되, 토지거래계약 허가신청서에 적힌 가격이 감정가격보다 낮은 경우에는 허가신청서에 적힌 가격으로 할 수 있다.

⑤ 시장·군수 또는 구청장은 선매협의가 이루어지지 아니한 경우에는 [　　　　　] 허가 또는 불허가의 여부를 결정하여 통보하여야 한다.

인가·허가 등의 의제, 제재처분 등

법률 **제20조(다른 법률에 따른 인가·허가 등의 의제)**

① 농지에 대하여 토지거래계약 허가를 받은 경우에는 「농지법」에 따른 농지취득 자격증명을 받은 것으로 본다.

② 허가증을 발급받은 경우에는 「부동산등기 특별조치법」에 따른 검인을 받은 것으로 본다.

법률 **제26조(벌칙)**

③ 허가 또는 변경허가를 받지 아니하고 토지거래계약을 체결하거나, 속임수나 그 밖의 부정한 방법으로 토지거래계약 허가를 받은 자는 2년 이하의 징역 또는 계약 체결 당시의 개별공시지가에 따른 해당 토지가격의 100분의 30에 해당하는 금액 이하의 벌금에 처한다.

법률 **제21조(제재처분 등)**

국토교통부장관, 시·도지사, 시장·군수 또는 구청장은 다음 각 호의 어느 하나에 해당하는 자에게 허가 취소 또는 그 밖에 필요한 처분을 하거나 조치를 명할 수 있다.

1. 허가 또는 변경허가를 받지 아니하고 토지거래계약 또는 그 변경계약을 체결한 자

2. 부정한 방법으로 토지거래계약에 관한 허가를 받은 자

3. 토지거래계약에 관한 허가를 받은 자가 그 토지를 허가받은 목적대로 이용하지 아니한 자

법률 **제23조(청문)** 국토교통부장관, 시·도지사, 시장·군수 또는 구청장은 토지 거래계약 허가의 취소 처분을 하려면 청문을 하여야 한다.

법률 **제26조(벌칙)**

④ 허가 취소, 처분 또는 조치명령을 위반한 자는 1년 이하의 징역 또는 1천만원 이하의 벌금에 처한다.

인가·허가 등의 의제, 제재처분 등

법률 제20조(다른 법률에 따른 인가·허가 등의 의제)

① 농지에 대하여 토지거래계약 허가를 받은 경우에는 「농지법」에 따른 [   ]취득 자격증명을 받은 것으로 본다.

② 허가증을 발급받은 경우에는 「부동산등기 특별조치법」에 따른 [   ]을 받은 것으로 본다.

법률 제26조(벌칙)

③ 허가 또는 변경허가를 받지 아니하고 토지거래계약을 체결하거나, 속임수나 그 밖의 부정한 방법으로 토지거래계약 허가를 받은 자는 [ ]년 이하의 징역 또는 계약 체결 당시의 개별[   ]에 따른 해당 토지가격의 100분의 [   ]에 해당하는 금액 이하의 벌금에 처한다.

법률 제21조(제재처분 등)

국토교통부장관, 시·도지사, 시장·군수 또는 구청장은 다음 각 호의 어느 하나에 해당하는 자에게 허가 [   ] 또는 그 밖에 필요한 처분을 하거나 조치를 명할 수 있다.

1. 허가 또는 변경허가를 받지 아니하고 토지거래계약 또는 그 변경계약을 체결한 자

2. 부정한 방법으로 토지거래계약에 관한 허가를 받은 자

3. 토지거래계약에 관한 허가를 받은 자가 그 토지를 허가받은 목적대로 이용하지 아니한 자

법률 제23조(청문) 국토교통부장관, 시·도지사, 시장·군수 또는 구청장은 토지거래계약 허가의 취소 처분을 하려면 [   ]을 하여야 한다.

법률 제26조(벌칙)

④ 허가 취소, 처분 또는 조치명령을 위반한 자는 [ ]년 이하의 징역 또는 [ ]천만원 이하의 벌금에 처한다.

법률 **제25조의2(신고포상금의 지급)** 십 천 ㅍ 집 토지 토지

① 시장·군수 또는 구청장은 다음 각 호의 어느 하나에 해당하는 자를 관계 행정기관 이나 수사기관에 신고하거나 고발한 자에게 예산의 범위에서 포상금을 지급할 수 있다.

1. 부동산등의 실제 거래가격을 거짓으로 신고한 자 - 10% 이하 과태료

2. 매매계약을 체결한 후 신고 의무자가 아닌 자로서 실제 거래가격을 거짓으로 신고한 자 - 10% 이하 과태료

3. 매매계약을 체결하지 아니하였음에도 불구하고 거짓으로 부동산 거래신고를 한 자 - 3,000 이하 과태료

4. 부동산 거래신고 후 해당 계약이 해제등이 되지 아니하였음에도 불구하고 거짓으로 해제등 신고를 한 자 - 3,000 이하 과태료

5. 주택 임대차 계약의 보증금·차임 등 계약금액을 거짓으로 신고한 자 - 100과

6. 허가 또는 변경허가를 받지 아니하고 토지거래계약을 체결한 자 또는 거짓이나 그 밖의 부정한 방법으로 토지거래계약허가를 받은 자 - 2년 이하 징역 또는 30% 이하 벌금

7. 토지거래계약허가를 받아 취득한 토지에 대하여 허가받은 목적대로 이용하지 아니한 자 - 이행명령 및 이행강제금

② 포상금의 지급에 드는 비용은 <u>시·군이나 구의 재원</u>으로 충당한다.

시행령 **제19조의2(포상금 지급대상 및 기준)**

① 신고관청 또는 허가관청은 다음 각 호의 어느 하나에 해당하는 경우에는 포상금을 지급해야 한다.

1. 위 법률 〈1.~5.〉에 해당하는 자를 신고한 경우 : 과태료가 부과된 경우

2. 위 법률 〈6.〉에 해당하는 자를 신고하거나 고발한 경우 : 공소제기 또는 기소유예 결정이 있는 경우

3. 위 법률 〈7.〉에 해당하는 자를 신고한 경우 : 허가관청의 이행명령이 있는 경우

법 률 제25조의2(신고포상금의 지급) 십 천 ㅍ 집 토지 토지

① 시장·군수 또는 구청장은 다음 각 호의 어느 하나에 해당하는 자를 관계 행정기관이나 수사기관에 신고하거나 고발한 자에게 예산의 범위에서 포상금을 지급할 수 있다.

1. 부동산등의 실제 거래가격을 [   ]으로 신고한 자 - 10% 이하 과태료
2. 매매계약을 체결한 후 신고 의무자가 아닌 자로서 실제 거래가격을 [   ]으로 신고한 자 - 10% 이하 과태료
3. 매매계약을 체결하지 아니하였음에도 불구하고 [   ]으로 부동산 거래신고를 한 자 - 3,000 이하 과태료
4. 부동산 거래신고 후 해당 계약이 해제등이 되지 아니하였음에도 불구하고 [   ]으로 해제등 신고를 한 자 - 3,000 이하 과태료
5. [   ] 임대차 계약의 보증금·차임 등 계약금액을 거짓으로 신고한 자 - 100과
6. 허가 또는 변경허가를 받지 아니하고 토지거래계약을 체결한 자 또는 거짓이나 그 밖의 부정한 방법으로 토지거래계약허가를 받은 자 - 2년 이하 징역 또는 30% 이하 벌금
7. 토지거래계약허가를 받아 취득한 토지에 대하여 허가받은 목적대로 이용하지 [   ] 자 - 이행명령 및 이행강제금

② 포상금의 지급에 드는 비용은 <u>시·군이나 구의 재원</u>으로 충당한다.

시행령 제19조의2(포상금 지급대상 및 기준)

① 신고관청 또는 허가관청은 다음 각 호의 어느 하나에 해당하는 경우에는 포상금을 지급해야 한다.

1. 위 법률 〈1.~5.〉에 해당하는 자를 신고한 경우 : [   ]가 부과된 경우
2. 위 법률 〈6.〉해당하는 자를 신고하거나 고발한 경우 : 공소제기 또는 [   ] 결정이 있는 경우
3. 위 법률 〈7.〉해당하는 자를 신고한 경우 : 허가관청의 [   ]이 있는 경우

② 다음 각 호의 어느 하나에 해당하는 경우에는 포상금을 지급하지 아니할 수 있다.

1. 공무원이 직무와 관련하여 발견한 사실을 신고하거나 고발한 경우

2. 해당 위반행위를 하거나 위반행위에 관여한 자가 신고하거나 고발한 경우

3. 익명이나 가명으로 신고 또는 고발하여 신고인 또는 고발인를 확인할 수 없는 경우

③ 포상금은 신고 또는 고발 건별로 다음 각 호의 구분에 따라 지급한다.

1. 위 법률 ⟨1.~5.⟩에 따른 포상금의 경우 : 과태료의 100분의 20에 해당하는 금액. 이 경우 위 법률 ⟨1.~2.⟩에 따른 포상금의 지급한도액은 1천만원으로 한다.

2. 위 법률 ⟨6.~7.⟩에 따른 포상금의 경우 : 50만원

시행령 **제19조의3(포상금 지급절차)**

④ 포상금 지급 결정을 통보받은 신고인 또는 고발인은 국토교통부령으로 정하는 포상금 지급신청서를 작성하여 신고관청 또는 허가관청에 제출하여야 한다.

⑤ 신고관청 또는 허가관청은 포상금 지급신청서가 접수된 날부터 2개월 이내에 포상금을 지급하여야 한다.

시행규칙 **제20조의2(포상금의 지급절차 및 방법)**

③ 신고관청 또는 허가관청은 하나의 위반행위에 대하여 2명 이상이 공동으로 신고 또는 고발한 경우에는 포상금을 균등하게 배분하여 지급한다. 다만, 포상금을 지급받을 사람이 배분방법에 관하여 미리 합의하여 포상금의 지급을 신청한 경우에는 그 합의된 방법에 따라 지급한다.

④ 신고관청 또는 허가관청은 하나의 위반행위에 대하여 2명 이상이 각각 신고 또는 고발한 경우에는 최초로 신고 또는 고발한 사람에게 포상금을 지급한다.

② 다음 각 호의 어느 하나에 해당하는 경우에는 포상금을 지급하지 아니할 수 있다.

　1. [　　　　]이 직무와 관련하여 발견한 사실을 신고하거나 고발한 경우

　2. 해당 위반행위를 하거나 위반행위에 [　　]한 자가 신고하거나 고발한 경우

　3. [　　]이나 [　　]으로 신고 또는 고발하여 신고인 또는 고발인를 확인할 수 없는 경우

③ 포상금은 신고 또는 고발 건별로 다음 각 호의 구분에 따라 지급한다.

　1. 〈위 법률 1.~5.〉에 따른 포상금의 경우 : 과태료의 100분의 [　　]에 해당하는 금액. 이 경우 〈위 법률 1.~2.〉에 따른 포상금의 지급한도액은 [　]천만원으로 한다.

　2. 〈위 법률 6.~7.〉에 따른 포상금의 경우 : [　　]만원

시행령　제19조의3(포상금 지급절차)

④ 포상금 지급 결정을 통보받은 신고인 또는 고발인은 국토교통부령으로 정하는 포상금 [　　　　　]를 작성하여 신고관청 또는 허가관청에 제출하여야 한다.

⑤ 신고관청 또는 허가관청은 포상금 지급신청서가 접수된 날부터 [　]개월 이내에 포상금을 지급하여야 한다.

시행규칙　제20조의2(포상금의 지급절차 및 방법)

③ 신고관청 또는 허가관청은 하나의 위반행위에 대하여 2명 이상이 공동으로 신고 또는 고발한 경우에는 포상금을 [　　]하게 배분하여 지급한다. 다만, 포상금을 지급받을 사람이 배분방법에 관하여 미리 합의하여 포상금의 지급을 신청한 경우에는 그 합의된 방법에 따라 지급한다.

④ 신고관청 또는 허가관청은 하나의 위반행위에 대하여 2명 이상이 각각 신고 또는 고발한 경우에는 [　　]로 신고 또는 고발한 사람에게 포상금을 지급한다.

제4조(매수신청대리인 등록) 매수신청대리인이 되고자 하는 개업공인중개사는 중개사무소(법인인 개업공인중개사의 경우에는 주된 중개사무소를 말한다)가 있는 곳을 관할하는 지방법원의 장에게 매수신청대리인 등록을 하여야 한다.

제5조(등록요건) 공인중개사가 매수신청대리인으로 등록하기 위한 요건은 다음 각 호와 같다.

1. 공인중개사인 개업공인중개사이거나 법인인 개업공인중개사일 것
2. 부동산경매에 관한 실무교육을 이수하였을 것
3. 보증보험 또는 공제에 가입하였거나 공탁을 하였을 것

제6조(등록의 결격사유) 다음 어느 하나에 해당하는 자는 매수신청대리인 등록을 할 수 없다.

1. 매수신청대리인 등록이 취소된 후 3년이 지나지 아니한 자. 단, 중개업의 폐업 및 매수신청대리업의 폐업에 의한 등록 취소는 결격사유에 해당하지 아니한다.
2. 매수신청대리업무정지처분을 받고 폐업신고를 한 자로서 업무정지기간(폐업에 불구하고 진행되는 것으로 본다)이 경과되지 아니한 자
3. 매수신청대리업무정지처분을 받은 개업공인중개사인 법인의 업무정지의 사유가 발생한 당시의 사원 또는 임원이었던 자로서 업무정지기간이 경과되지 아니한 자

제8조(등록증의 교부 등)

① 지방법원장은 매수신청대리인 등록을 한 자에 대해서 매수신청대리인 등록증을 교부하여야 한다.

제9조(등록증 등의 게시) 개업공인중개사는 등록증·매수신청대리 등 보수표 그 밖에 예규가 정하는 사항을 해당 중개사무소 안의 보기 쉬운 곳에 게시하여야 한다.

공인중개사의 매수신청대리인 등록 등에 관한 규칙

테마 1 매수신청대리인 등록

제4조(매수신청대리인 등록) 매수신청대리인이 되고자 하는 개업공인중개사는 중개사무소(법인인 개업공인중개사의 경우에는 주된 중개사무소를 말한다)가 있는 곳을 관할하는 [   ]의 장에게 매수신청대리인 등록을 하여야 한다.

제5조(등록요건) 공인중개사가 매수신청대리인으로 등록하기 위한 요건은 다음 각 호와 같다.
1. 공인중개사인 개업공인중개사이거나 [   ]인 개업공인중개사일 것
2. 부동산경매에 관한 [   ]교육을 이수하였을 것
3. 보증보험 또는 공제에 가입하였거나 공탁을 하였을 것

제6조(등록의 결격사유) 다음 어느 하나에 해당하는 자는 매수신청대리인 등록을 할 수 없다.
1. 매수신청대리인 등록이 취소된 후 3년이 지나지 아니한 자. 단, 중개업의 [   ] 및 매수신청대리업의 [   ]에 의한 등록 취소는 결격사유에 해당하지 아니한다.
2. 매수신청대리업무정지처분을 받고 폐업신고를 한 자로서 업무정지기간(폐업에 불구하고 진행되는 것으로 본다)이 경과되지 아니한 자
3. 매수신청대리업무정지처분을 받은 개업공인중개사인 법인의 업무정지의 사유가 발생한 당시의 사원 또는 임원이었던 자로서 업무정지기간이 경과되지 아니한 자

제8조(등록증의 교부 등)
① [   ]은 매수신청대리인 등록을 한 자에 대해서 매수신청대리인 등록증을 교부하여야 한다.

제9조(등록증 등의 게시) 개업공인중개사는 등록증·매수신청대리 등 [   ] 그 밖에 예규가 정하는 사항을 해당 중개사무소 안의 보기 쉬운 곳에 게시하여야 한다.

제10조(실무교육)

① 매수신청대리인 등록을 하고자 하는 개업공인중개사(다만, 법인인 개업공인중개사의 경우에는 공인중개사인 대표자를 말한다)는 등록신청일 전 1년 이내에 법원행정처장이 지정하는 교육기관에서 부동산 경매에 관한 실무교육을 이수하여야 한다. 다만, 폐업신고 후 1년 이내에 다시 등록신청을 하고자 하는 자는 그러하지 아니하다.

② 실무교육에는 평가가 포함되어야 한다.

제11조(손해배상책임의 보장)

② 매수신청대리인이 되고자 하는 개업공인중개사는 손해배상책임을 보장하기 위하여 보증보험 또는 협회의 공제에 가입하거나 공탁(이하 "보증"이라 한다)을 하여야 한다.

③ 공탁한 공탁금은 매수신청대리인이 된 개업공인중개사가 폐업, 사망 또는 해산한 날부터 3년 이내에는 이를 회수할 수 없다.

제12조(공제사업)

① 법 제41조의 규정에 따라 설립된 협회는 제11조의 규정에 따른 개업공인중개사의 손해배상책임을 보장하기 위하여 공제사업을 할 수 있다.

② 협회는 공제사업을 하고자 하는 때에는 공제규정을 제정하여 법원행정처장의 승인을 얻어야 한다. 공제규정을 변경하고자 하는 때에도 또한 같다.

제13조(보증금액)

① 개업공인중개사가 제11조제2항의 규정에 따른 손해배상책임을 보장하기 위한 보증을 설정하여야 하는 금액은 다음 각 호와 같다.

  1. 법인인 개업공인중개사 : 4억원 이상. 다만, 분사무소를 두는 경우에는 분사무소마다 2억원 이상을 추가로 설정하여야 한다.

  2. 공인중개사인 개업공인중개사 : 2억원 이상

제13조의2(휴업 또는 폐업의 신고)

① 매수신청대리인은 3개월을 초과하는 매수신청대리업을 휴업, 폐업 또는 휴업한 매수신청대리업을 재개하고자 하는 때에는 감독법원에 그 사실을 미리 신고하여야 한다. 휴업기간을 변경하고자 하는 때에도 같다.

② 휴업은 6개월을 초과할 수 없다.

제10조 (실무교육)

① 매수신청대리인 등록을 하고자 하는 개업공인중개사(다만, 법인인 개업공인중개사의 경우에는 공인중개사인 [   ]를 말한다)는 등록신청일 전 1년 이내에 법원행정처장이 지정하는 교육기관에서 부동산 경매에 관한 실무교육을 이수하여야 한다. 다만, 폐업신고 후 1년 이내에 다시 등록신청을 하고자 하는 자는 그러하지 아니하다.

② 실무교육에는 [   ]가 포함되어야 한다.

제11조 (손해배상책임의 보장)

② 매수신청대리인이 [   ] 하는 개업공인중개사는 손해배상책임을 보장하기 위하여 보증보험 또는 협회의 공제에 가입하거나 공탁(이하 "보증"이라 한다)을 하여야 한다.

③ 공탁한 공탁금은 매수신청대리인이 된 개업공인중개사가 폐업, 사망 또는 해산한 날부터 [   ]년 이내에는 이를 회수할 수 없다.

제12조 (공제사업)

① 법 제41조의 규정에 따라 설립된 협회는 제11조의 규정에 따른 개업공인중개사의 손해배상책임을 보장하기 위하여 공제사업을 할 수 있다.

② 협회는 공제사업을 하고자 하는 때에는 공제규정을 제정하여 [   ]의 승인을 얻어야 한다. 공제규정을 변경하고자 하는 때에도 또한 같다.

제13조 (보증금액)

① 개업공인중개사가 제11조제2항의 규정에 따른 손해배상책임을 보장하기 위한 보증을 설정하여야 하는 금액은 다음 각 호와 같다.

　1. 법인인 개업공인중개사 : [   ]억원 이상. 다만, 분사무소를 두는 경우에는 분사무소마다 [   ]억원 이상을 추가로 설정하여야 한다.

　2. 공인중개사인 개업공인중개사 : [   ]억원 이상

제13조의2 (휴업 또는 폐업의 신고)

① 매수신청대리인은 [   ]개월을 초과하는 매수신청대리업을 휴업, 폐업 또는 휴업한 매수신청대리업을 재개하고자 하는 때에는 감독법원에 그 사실을 미리 신고하여야 한다. 휴업기간을 변경하고자 하는 때에도 같다.

② 휴업은 [   ]개월을 초과할 수 없다.

<u>**제2조(매수신청대리권의 범위)**</u> 법원에 매수신청대리인으로 등록된 개업공인중개사가 매수신청대리의 위임을 받은 경우 다음 각 호의 행위를 할 수 있다.

1. 「민사집행법」 규정에 따른 매수신청 보증의 제공

2. 입찰표의 작성 및 제출

3. 「민사집행법」 규정에 따른 차순위매수신고

4. 「민사집행법」 규정에 따라 매수신청의 보증을 돌려 줄 것을 신청하는 행위

5. 「민사집행법」 규정에 따른 공유자의 우선매수신고

6. 구「임대주택법」 규정에 따른 임차인의 임대주택 우선매수신고

7. 공유자 또는 임대주택 임차인의 우선매수신고에 따라 차순위매수신고인으로 보게 되는 경우 그 차순위매수신고인의 지위를 포기하는 행위

<u>**제3조(매수신청대리의 대상물)**</u> 이 규칙에 의한 매수신청대리의 대상물은 다음 각 호와 같다.

1. 토지

2. 건물 그 밖의 토지의 정착물

3. 「입목에 관한 법률」에 따른 입목

4. 「공장 및 광업재단 저당법」에 따른 공장재단, 광업재단

제2조(매수신청대리권의 범위) 법원에 매수신청대리인으로 등록된 개업공인중개사가 매수신청대리의 위임을 받은 경우 다음 각 호의 행위를 할 수 있다.

1. 「민사집행법」 규정에 따른 매수신청 보증의 제공

2. 입찰표의 작성 및 제출

3. 「민사집행법」 규정에 따른 [   ]매수신고

4. 「민사집행법」 규정에 따라 매수신청의 보증을 돌려 줄 것을 신청하는 행위

5. 「민사집행법」 규정에 따른 [   ]의 우선매수신고

6. 구「임대주택법」 규정에 따른 임차인의 임대주택 우선매수신고

7. 공유자 또는 임대주택 임차인의 우선매수신고에 따라 차순위매수신고인으로 보게 되는 경우 그 차순위매수신고인의 지위를 포기하는 행위

제3조(매수신청대리의 대상물) 이 규칙에 의한 매수신청대리의 대상물은 다음 각 호와 같다.

1. 토지

2. 건물 그 밖의 토지의 정착물

3. 「입목에 관한 법률」에 따른 [   ]

4. 「공장 및 광업재단 저당법」에 따른 [   ], [   ]

제15조(사건카드의 작성·보존)

① 개업공인중개사는 매수신청대리 사건카드를 비치하고, 사건을 위임받은 때에는 사건카드에 위임받은 순서에 따라 일련번호, 경매사건번호, 위임받은 연월일, 보수액과 위임인의 주소·성명 기타 필요한 사항을 기재하고, 서명날인 한 후 5년간 이를 보존하여야 한다.

② 서명날인에는 공인중개사법에 따라 중개행위를 위해 등록관청에 등록한 인장을 사용하여야 한다.

제16조(매수신청대리 대상물의 확인·설명)

① 개업공인중개사가 매수신청대리를 위임받은 경우 매수신청대리 대상물의 권리관계, 경제적 가치, 매수인이 부담하여야 할 사항 등에 대하여 위임인에게 성실·정확하게 설명하고 등기사항증명서 등 설명의 근거자료를 제시하여야 한다.

② 개업공인중개사는 위임계약을 체결한 경우 제1항의 확인·설명 사항을 서면으로 작성하여 서명날인한 후 위임인에게 교부하고, 그 사본을 사건카드에 철하여 5년간 보존하여야 한다.

③ 서명날인에는 중개행위를 위해 등록관청에 등록한 인장을 사용하여야 한다.

제14조(대리행위의 방식)

① 개업공인중개사는 제2조 각 호에 규정된 대리행위를 하는 경우 각 대리행위마다 대리권을 증명하는 문서(본인의 인감증명서가 첨부된 위임장과 대리인등록증 사본 등)를 제출하여야 한다. 다만, 같은 날 같은 장소에서 제2조 각 호에 규정된 대리행위를 동시에 하는 경우에는 하나의 서면으로 갈음할 수 있다.

② 법인인 개업공인중개사의 경우에는 대리권을 증명하는 문서 이외에 대표자의 자격을 증명하는 문서를 제출하여야 한다.

③ 개업공인중개사는 대리행위를 함에 있어서 매각장소 또는 집행법원에 직접 출석하여야 한다.

제15조(사건카드의 작성·보존)

① 개업공인중개사는 매수신청대리 사건카드를 비치하고, 사건을 위임받은 때에는 사건카드에 위임받은 순서에 따라 일련번호, 경매사건번호, 위임받은 연월일, 보수액과 위임인의 주소·성명 기타 필요한 사항을 기재하고, 서명날인 한 후 [ ]년간 이를 보존하여야 한다.

② 서명날인에는 공인중개사법에 따라 <u>중개행위를 위해 [   ]에 등록한 인장을</u> 사용하여야 한다.

제16조(매수신청대리 대상물의 확인·설명)

① 개업공인중개사가 매수신청대리를 위임받은 경우 매수신청대리 대상물의 <u>권리관계</u>, [ ]적 가치, 매수인이 [ ]하여야 할 사항 등에 대하여 위임인에게 성실·정확하게 설명하고 등기사항증명서 등 설명의 근거자료를 제시하여야 한다.

② 개업공인중개사는 위임계약을 체결한 경우 제1항의 확인·설명 사항을 서면으로 작성하여 서명날인한 후 위임인에게 교부하고, 그 사본을 사건카드에 철하여 [ ]년간 보존하여야 한다.

③ 서명날인에는 중개행위를 위해 등록관청에 등록한 인장을 사용하여야 한다.

제14조(대리행위의 방식)

① 개업공인중개사는 제2조 각 호에 규정된 대리행위를 하는 경우 각 대리행위마다 <u>대리권을 증명하는 문서(본인의 인감증명서가 첨부된 위임장과 대리인[   ] 사본 등)를 제출</u>하여야 한다. 다만, 같은 날 같은 장소에서 제2조 각 호에 규정된 대리행위를 동시에 하는 경우에는 하나의 서면으로 갈음할 수 있다.

② 법인인 개업공인중개사의 경우에는 대리권을 증명하는 문서 이외에 [   ]의 <u>자격을 증명하는 문서를 제출</u>하여야 한다.

③ 개업공인중개사는 대리행위를 함에 있어서 매각장소 또는 집행법원에 [   ] <u>출석</u>하여야 한다.

제17조(보수, 영수증)

② 개업공인중개사는 보수표와 보수에 대하여 이를 위임인에게 <u>위임계약 전에</u> 설명하여야 한다.

③ 개업공인중개사는 보수를 받은 경우 <u>예규에서 정한 양식에 의한</u> 영수증을 작성하여 서명날인한 후 위임인에게 교부하여야 한다.

④ 서명날인에는 중개행위를 위해 등록관청에 등록한 인장을 사용하여야 한다.

⑤ 보수의 지급시기는 매수신청인과 매수신청대리인의 약정에 따르며, <u>약정이 없을 때에는 매각대금의 지급기한일</u>로 한다.

제18조(의무, 금지행위)

④ 개업공인중개사는 다음 각 호의 어느 하나에 해당하는 경우에는 <u>그 사유가 발생한 날로부터 10일 이내에 지방법원장에게</u> 그 사실을 신고하여야 한다.

  1. 중개사무소를 이전한 경우

  2. 중개업을 휴업 또는 폐업한 경우

  3. 분사무소를 설치한 경우

  4. 공인중개사 자격이 취소된 경우

  5. 공인중개사 자격이 정지된 경우

  6. 중개사무소 개설등록이 취소된 경우

  7. 중개업무가 정지된 경우

⑤ 개업공인중개사는 다음 각 호의 행위를 하여서는 아니된다.

  1. 이중으로 매수신청대리인 등록신청을 하는 행위

  2. <u>매수신청대리인이 된 사건에 있어서 매수신청인으로서 매수신청을 하는 행위</u>

  3. <u>동일 부동산에 대하여 이해관계가 다른 2인 이상의 대리인이 되는 행위</u>

  4. 명의대여를 하거나 등록증을 대여 또는 양도하는 행위

  5. 다른 개업공인중개사의 명의를 사용하는 행위

  6. 사건카드 또는 확인·설명서에 허위기재하거나 필수적 기재사항을 누락하는 행위

제17조(보수, 영수증)

② 개업공인중개사는 보수표와 보수에 대하여 이를 위임인에게 <u>위임계약 [   ]</u>에 설명하여야 한다.

③ 개업공인중개사는 보수를 받은 경우 <u>예규에서 정한 [   ]</u>에 의한 영수증을 작성하여 서명날인한 후 위임인에게 교부하여야 한다.

④ 서명날인에는 중개행위를 위해 등록관청에 등록한 인장을 사용하여야 한다.

⑤ 보수의 지급시기는 매수신청인과 매수신청대리인의 약정에 따르며, <u>약정이 없을 때에는 매각대금의 [   ]</u>일로 한다.

제18조(의무, 금지행위)

④ 개업공인중개사는 다음 각 호의 어느 하나에 해당하는 경우에는 <u>그 사유가 발생한 날로부터 [   ]</u>일 이내에 [   ]장에게 그 사실을 신고하여야 한다.

  1. 중개사무소를 이전한 경우

  2. 중개업을 휴업 또는 폐업한 경우

  3. 분사무소를 설치한 경우

  4. 공인중개사 자격이 취소된 경우

  5. 공인중개사 자격이 정지된 경우

  6. 중개사무소 개설등록이 취소된 경우

  7. 중개업무가 정지된 경우

⑤ 개업공인중개사는 다음 각 호의 행위를 하여서는 아니된다.

  1. 이중으로 매수신청대리인 등록신청을 하는 행위

  2. <u>매수신청대리인이 된 사건에 있어서 매수신청인으로서 [   ]을 하는 행위</u>

  3. <u>동일 부동산에 대하여 이해관계가 다른 2인 이상의 대리인이 되는 행위</u>

  4. 명의대여를 하거나 등록증을 대여 또는 양도하는 행위

  5. 다른 개업공인중개사의 명의를 사용하는 행위

  6. 사건카드 또는 확인·설명서에 허위기재하거나 필수적 기재사항을 누락하는 행위

테마 4 ▶ 지도 및 감독

제19조(협회·개업공인중개사 등의 감독)

① 법원행정처장은 매수신청대리업무에 관하여 협회를 감독한다.

② 지방법원장은 매수신청대리업무에 관하여 관할 안에 있는 협회의 시·도 지부와 매수신청대리인 등록을 한 개업공인중개사를 감독한다.

③ 지방법원장은 매수신청대리업무에 대한 감독의 사무를 지원장과 협회의 시·도 지부에 위탁할 수 있고, 이를 위탁받은 지원장과 협회의 시·도지부는 그 실시 결과를 지체 없이 지방법원장에게 보고하여야 한다.

제21조(등록취소 사유 등)

① 지방법원장은 다음 각 호의 어느 하나에 해당하는 경우에는 매수신청대리인 등록을 취소하여야 한다.

1. 공인중개사법 등록의 결격사유의 어느 하나에 해당하는 경우

2. 중개업의 폐업 또는 매수신청대리업의 폐업신고를 한 경우

3. 공인중개사 자격이 취소된 경우

4. 중개사무소 개설등록이 취소된 경우

5. 등록당시 매수신청대리 등록요건을 갖추지 않았던 경우

6. 등록당시 매수신청대리 결격사유가 있었던 경우

② 지방법원장은 다음 각 호의 어느 하나에 해당하는 경우에는 매수신청대리인 등록을 취소할 수 있다.

1. 등록 후 매수신청대리 등록요건을 갖추지 못하게 된 경우

2. 등록 후 매수신청대리 결격사유가 있게 된 경우

3. 최근 1년 이내에 이 규칙에 따라 2회 이상 업무정지처분을 받고 다시 업무 정지처분에 해당하는 행위를 한 경우

③ 매수신청대리인 등록이 취소된 자는 등록증을 관할 지방법원장에게 반납하여야 한다.

제19조(협회·개업공인중개사 등의 감독)

① [   ]장은 매수신청대리업무에 관하여 협회를 감독한다.

② [   ]장은 매수신청대리업무에 관하여 관할 안에 있는 협회의 시·도지부와 매수신청대리인 등록을 한 개업공인중개사를 감독한다.

③ 지방법원장은 매수신청대리업무에 대한 감독의 사무를 지원장과 협회의 시·도[   ]에 위탁할 수 있고, 이를 위탁받은 지원장과 협회의 시·도지부는 그 실시 결과를 지체 없이 지방법원장에게 보고하여야 한다.

제21조(등록취소 사유 등)

① 지방법원장은 다음 각 호의 어느 하나에 해당하는 경우에는 매수신청대리인 등록을 취소하여야 한다.

 1. 공인중개사법 등록의 결격사유의 어느 하나에 해당하는 경우

 2. 중개업의 [   ] 또는 매수신청대리업의 [   ]신고를 한 경우

 3. 공인중개사 자격이 취소된 경우

 4. 중개사무소 개설등록이 취소된 경우

 5. 등록[   ] 매수신청대리 등록요건을 갖추지 않았던 경우

 6. 등록[   ] 매수신청대리 결격사유가 있었던 경우

② 지방법원장은 다음 각 호의 어느 하나에 해당하는 경우에는 매수신청대리인 등록을 취소할 수 있다.

 1. 등록 [   ] 매수신청대리 등록요건을 갖추지 못하게 된 경우

 2. 등록 [   ] 매수신청대리 결격사유가 있게 된 경우

 3. 최근 1년 이내에 이 규칙에 따라 [   ]회 이상 업무정지처분을 받고 다시 업무정지처분에 해당하는 행위를 한 경우

③ 매수신청대리인 등록이 취소된 자는 등록증을 관할 [   ]에게 반납하여야 한다.

제22조(업무정지 사유 등)

① 지방법원장은 개업공인중개사(이 경우 분사무소를 포함한다)가 다음 각 호의 어느 하나에 해당하는 경우에는 기간을 정하여 매수신청대리업무를 정지하는 처분을 하여야 한다.

  1. 중개업의 휴업 또는 매수신청대리업의 휴업신고를 한 경우

  2. 공인중개사 자격을 정지당한 경우

  3. 공인중개사법에 따라 업무의 정지를 당한 경우

③ 매수신청대리 업무정지기간은 1개월 이상 2년 이하로 한다.

제23조(명칭의 표시 등)

① 매수신청대리인 등록을 한 개업공인중개사는 그 사무소의 명칭이나 간판에 고유한 지명 등 법원행정처장이 인정하는 특별한 경우를 제외하고는 "법원"의 명칭이나 휘장 등을 표시하여서는 아니된다.

② 개업공인중개사는 매수신청대리인 등록이 취소된 때에는 사무실 내·외부에 매수신청대리업무에 관한 표시 등을 제거하여야 하며, 업무정지처분을 받은 때에는 업무정지사실을 해당 중개사사무소의 출입문에 표시하여야 한다.

제22조(업무정지 사유 등)

① 지방법원장은 개업공인중개사(이 경우 분사무소를 포함한다)가 다음 각 호의 어느 하나에 해당하는 경우에는 기간을 정하여 매수신청대리업무를 정지하는 처분을 하여야 한다.

1. 중개업의 [   ] 또는 매수신청대리업의 [   ]신고를 한 경우

2. 공인중개사 자격을 정지당한 경우

3. 공인중개사법에 따라 업무의 정지를 당한 경우

③ 매수신청대리 업무정지기간은 [ ]개월 이상 [ ]년 이하로 한다.

제23조(명칭의 표시 등)

① 매수신청대리인 등록을 한 개업공인중개사는 그 사무소의 명칭이나 간판에 고유한 지명 등 법원행정처장이 인정하는 특별한 경우를 제외하고는 "법원"의 명칭이나 휘장 등을 표시하여서는 아니된다.

② 개업공인중개사는 매수신청대리인 등록이 취소된 때에는 사무실 내·외부에 매수신청대리업무에 관한 표시 등을 [   ]하여야 하며, 업무정지처분을 받은 때에는 업무정지사실을 해당 중개사사무소의 [   ]에 표시하여야 한다.

정지웅

주요 저서

정지웅 기출문제

정지웅 필수서

정지웅 THE LAST 모의고사

정지웅 영끌특강

정지웅 최종요약서

정지웅 꼭반지(꼭! 반드시 다시 출제되는 지문)

정지웅 손편지(손에 들고 편하게 암기하지웅!)

정지웅 제계도특강

정지웅 버스노트(법령스터디노트)

출강 학원

종로박문각학원

강남박문각학원

분당박문각학원

안산박문각학원

평택박문각학원

병점박문각학원

제35회 공인중개사 시험대비 **전면개정판**

2024 박문각 공인중개사

박문각 익힘장 2차 중개사법 버스노트(법령스터디노트)

초판인쇄 | 2024. 1. 25. **초판발행** | 2024. 1. 30. **편저** | 정지웅 편저
발행인 | 박 용 **발행처** | (주)박문각출판 **등록** | 2015년 4월 29일 제2015-000104호
주소 | 06654 서울시 서초구 효령로 283 서경빌딩 4층 **팩스** | (02)584-2927
전화 | 교재 주문 (02)6466-7202, 동영상문의 (02)6466-7201

저자와의
협의하에
인지생략

정가 15,000원
ISBN 979-11-6987-786-2